Nachhaltiges Tourismus- und Hotelmanagement

Dr. Gabriele M. Knoll lehrt Tourismusmanagement an der Hochschule Fresenius in Köln sowie im Fernstudiengang Tourismus- und Eventmanagement dieser Hochschule. Sie hat bei diversen Tourismusprojekten im In- und Ausland mitgearbeitet und ist Autorin touristischer Fach- und Lehrbücher sowie zahlreicher Reiseführer.

Gabriele M. Knoll

Nachhaltiges Tourismus- und Hotelmanagement

Globale Anforderungen an die Tourismusbranche

UVK

Umschlagabbildung: © FooTToo · iStock
Autorinnenbild: © privat

Bibliografische Information der Deutschen Nationalbibliothek
Die Deutsche Nationalbibliothek verzeichnet diese Publikation in der Deutschen Nationalbibliografie; detaillierte bibliografische Daten sind im Internet über http://dnb.dnb.de abrufbar.

DOI: https://doi.org/10.24053/9783381116423

– Ein Unternehmen der Narr Francke Attempto Verlag GmbH + Co. KG
Dischingerweg 5 · D-72070 Tübingen

Internet: www.narr.de
eMail: info@narr.de

Druck: Elanders Waiblingen GmbH

ISBN 978-3-381-11641-6 (Print)
ISBN 978-3-381-11642-3 (ePDF)
ISBN 978-3-381-11643-0 (ePub)

Inhalt

Vorwort

Ist da die Welt in Ordnung? Haben Sie das Foto auf dem Bucheinband einmal genauer angeschaut? Das glasklare Wasser lässt vermuten, dass hier die Natur intakt ist. Kein Mensch ist auf diesem Bildausschnitt zu sehen – also scheint dies kein vom Massentourismus geplagter Ort zu sein. Doch der Blick auf die Berge im Hintergrund muss angesichts des Bildtitels „Tegernsee im Winter" nachdenklich stimmen. Es gibt nicht einmal verschneite Berge hier am Nordrand der Alpen.

Die Häufung von nachlassender Schneesicherheit bis hin zu gänzlich schneearmen Wintern und grünen Wintersportorten in den Tälern, aber auch Gefahren aus der Natur, die zunehmend den Sommertourismus treffen und durchaus katastrophale Ausmaße annehmen können, lassen sich auf den vom Menschen verursachten Klimawandel zurückführen. Der Tourismus ist dabei gleichermaßen Täter wie Opfer.

Verlierer und Gewinner gibt es auch im Zusammenhang mit dem Tourismus: auf der einen Seite diejenigen, für die der Urlaub die schönste Zeit im Jahr darstellt, auf der anderen Seite die zahllosen Menschen in den Destinationen, die durch einen Job im Tourismus zwar Geld verdienen können – aber trotzdem unter prekären Bedingungen leben müssen.

Mit den 17 SDGs hat die Weltgemeinschaft Ziele bekommen, u.a. für mehr Gerechtigkeit, bessere Lebensbedingungen und Umweltschutz, die ebenso für die Tourismusbranche gelten.

Dieses Buch möchte dafür mehr Bewusstsein wecken und für Missstände wider die Nachhaltigkeit im Tourismus sensibilisieren – mit Blicken in die institutionellen Vorgaben, die Praxis und Ansätze für mehr Nachhaltigkeit im touristischen Geschäft. Daneben gibt es viele Impulse zu eigener Recherche und Vertiefung durch die Reflexionsfragen am Ende jedes Kapitels.

Und dann bitte die Anwendung in der Praxis!

eLearning

Zu diesem Buch wird ein eLearning-Kurs mit rund 40 Fragen angeboten. Vor der Lektüre hilft er Ihnen dabei, Ihren aktuellen Wissenstand zu testen. Nach der Lektüre können Sie mithilfe dieses Kurses das Erlernte auf die Probe stellen und festigen.

Nutzen Sie den QR-Code oder den folgenden Link, um zu dem Kurs zu gelangen:
https://narr.kwaest.io/s/1374

1 Eine große Herausforderung unserer Zeit – die 17 Sustainable Development Goals

1.1 Die 17 SDGs – Ein Einstieg

Abb. 1: 17 SDGs im Überblick | [1]

Der Erste und der Zweite Weltkrieg waren Anlass für Initiativen in Europa und den Vereinigten Staaten, den Frieden wiederherzustellen und zu sichern. Nach ersten wenig erfolgreichen Ansätzen zu Beginn des 20. Jahrhunderts entwickelten der US-amerikanische Präsident Franklin D. Roosevelt und der britische Premierminister Winston Churchill die am 14. August 1941 veröffentlichte „Atlantik-Charta". „Darin wurden erstmals konkrete Rahmenbedingungen für eine zukünftige internationale Politik und Maßnahmen zur Friedenssicherung festgelegt, unter anderem auch die Schaffung einer internationalen Organisation zur Friedenssicherung. Am 1. Januar 1942 unterzeichneten 26 Alliierte Länder diese „Deklaration der Vereinten Nationen" und bekräftigten damit die in der Atlantik-Charta gesteckten Ziele" (UNRIC o.J.a).

Nach weiteren Schritten konnten 1945 schließlich die Ziele und Prinzipien der Vereinten Nationen mit der Verfassung der 111 Artikel umfassenden Charta auf der Konferenz der Vereinten Nationen in San Francisco von inzwischen 50 zusammengeschlossenen Staaten verankert und verabschiedet werden (vgl. a.a.O.). „Bereits vor der Gründung der Vereinten Nationen wurden so die Weichen für spätere UN-Sonderorganisationen wie den Internationalen Währungsfonds (IWF), die Weltbank oder die Ernährungs- und Landwirtschaftsorganisation der Vereinten Nationen (FAO) gestellt" (a.a.O.) – Institutionen, die u.a. auch im Engagement für eine globale Nachhaltigkeit eine Rolle spielen können.

Aktuell haben 193 Staaten die Deklaration der Vereinten Nationen unterzeichnet; die Deutsche Demokratische Republik und die Bundesrepublik Deutschland wurden am 18. September 1973 noch getrennt Mitglieder der UN, nach dem Beitritt der DDR zur Bundesrepublik Deutschland bilden sie einen Staat.

Box | Nachhaltige Entwicklung fördern

„Seit der Entstehung der Vereinten Nationen 1945 war es eine der Prioritäten ‚eine internationale Zusammenarbeit herbeizuführen, um internationale Probleme wirtschaftlicher, sozialer, kultureller und humanitärer Art zu lösen und die Achtung vor den Menschenrechten und Grundfreiheiten für alle ohne Unterschied der Rasse, des Geschlechts, der Sprache oder der Religion zu fördern und zu festigen'. Die Verbesserung des Wohlbefindens der Menschen bleibt nach wie vor eine [sic] der Hauptanliegen der UN. Das globale Verständnis von Entwicklung hat sich über die Jahre verändert und Länder sind sich heute einig, dass nachhaltige Entwicklung – eine Entwicklung, die Wohlstand und wirtschaftliche Möglichkeiten, soziales Wohlbefinden und Umweltschutz fördert – den besten Weg bietet, um das Leben von Menschen überall auf der Welt zu verbessern."
(UNRIC o.J.b)

Die Vorstufen zur Agenda 2030 sind übrigens im → Kap. 2.3 zu finden.

Am 25. September 2015 verabschiedeten 193 Staats- und Regierungschefs auf dem Gipfeltreffen der Vereinten Nationen in New York die Agenda 2030. Mit der Unterzeichnung dieses Vertrags verpflichten sich die Mitgliedsstaaten, „allen Menschen bis zum Jahr 2030 ein Leben in Würde zu sichern" (BMZ 17 Ziele).

„Die Agenda 2030 nennt fünf Kernbotschaften, die den 17 Zielen als Handlungsprinzipien vorangestellt sind: 1. Die Würde des Menschen im

Mittelpunkt, 2. den Planeten schützen, 3. Wohlstand für alle fördern, 4. Frieden fördern und 5. Globale Partnerschaften aufbauen.

Im Wesentlichen sollen die 17 Ziele für nachhaltige Entwicklung ...

- Armut und Hunger beenden und Ungleichheiten bekämpfen,
- Selbstbestimmung der Menschen stärken, Geschlechtergerechtigkeit und ein gutes und gesundes Leben für alle sichern,
- Wohlstand für alle fördern und Lebensweisen weltweit nachhaltig gestalten,
- ökologische Grenzen der Erde respektieren: Klimawandel bekämpfen, natürliche Lebensgrundlagen bewahren und nachhaltig nutzen,
- Menschenrechte schützen – Frieden, gute Regierungsführung und Zugang zur Justiz gewährleisten und
- eine globale Partnerschaft aufbauen.

Die Ziele berücksichtigen alle drei Dimensionen der Nachhaltigkeit – Soziales, Umwelt, Wirtschaft – gleichermaßen und gelten für alle Staaten der Welt: Industrie-, Schwellen- und Entwicklungsländer. Sie machen deutlich, dass wir eine gemeinsame Verantwortung für die Welt tragen." (ENGAGEMENT GLOBAL GMBH o.J.)

Die Bundesrepublik Deutschland ist als Unterzeichnerstaat verpflichtet, die Ziele der Agenda 2030 in die nationale Politik und gegebenenfalls Gesetzgebung zu integrieren. Mit einem Blick in den Staatenbericht Deutschlands über die Umsetzung der Agenda 2030 für nachhaltige Entwicklung sollen in der folgenden Tabelle einige Handlungsfelder („Transformationsbereiche") und darauf ausgerichtete Aktivitäten als „Kernbotschaften" zum Erreichen der 17 Sustainable Development Goals (SDGs) auf nationaler wie internationaler Ebene skizziert werden.

Handlungsfelder und entsprechende SDGs	**Maßnahmen zum Erreichen der Ziele**
menschliches Wohlbefinden und Fähigkeiten, soziale Gerechtigkeit ▸ *SDGs 1, 3, 4, 5, 8, 9, 10*	Aktionsplan Menschenrechte 2021/2022 der Bundesregierung Gestaltung der globalen Gesundheitsarchitektur aus den Erfahrungen der Coronapandemie One-Health-Ansatz, Schutz der Gesundheit von Nutz- und Wildtieren sowie der Biodiversität und der natürlichen Lebensräume

Kreislaufwirtschaft ▸ *SDGs 8, 9, 11, 12, 13, 14*	Wachstum vom Ressourcenverbrauch entkoppeln Ressourceneffizienz, Kreislaufwirtschaft, nachhaltige Lieferketten Vermeidung, Recycling und die verantwortungsvolle Entsorgung von Abfällen Gesetz über die unternehmerischen Sorgfaltspflichten in Lieferketten sowie Multi-Akteurs-Partnerschaften Bewusster individueller Konsum
nachhaltiges Bauen und Verkehrswende ▸ *SDGs 7, 8, 9, 11, 12, 13*	Nachhaltiges Bauen: Energieeffizienz, Klimaneutralität, Erhalt der Biodiversität, Ressourcenschonung, Nutzung von nachwachsenden Rohstoffen, Reduzierung des Flächenverbrauchs, nachhaltige Beschaffung von Produkten und Dienstleistungen, Einhaltung von Menschenrechten in der Lieferkette sowie die Sicherung von Gesundheit und Komfort von Nutzerinnen und Nutzern. Verkehrswende: Nationale Plattform „Zukunft der Mobilität" (2018), seit 2021 (neben dem Wärmesektor) auch im Verkehrssektor stattfindende CO_2-Bepreisung Klimaschutz durch Entwicklungen im Bereich alternativer Antriebstechnologien und Kraftstoffe
nachhaltige Agrar- und Ernährungssysteme ▸ *SDGs 2, 3,* mit Bezügen zu den *SDGs 12, 15*	Steigerung des Ökolandbaus in Deutschland (Ziel: 20 Prozent bis 2030) Stärkung der Nachhaltigkeit in der Gemeinschaftsverpflegung sowie die Reduzierung der Lebensmittelverschwendung Ziele: ausreichende Versorgung mit einer Vielfalt an sicheren, erschwinglichen Lebensmitteln sowie eine gesundheitsförderliche Ernährung für alle weltweit zu sichern Schutz der Umwelt und des Klimas, die Haltung und Gesundhaltung von Nutztieren, Arbeits- und Lebensbedingungen in der Landwirtschaft zu verbessern ländliche Räume als attraktive Wirtschafts- und Lebensräume zu stärken
schadstofffreie Umwelt ökologische Nachhaltigkeit: ▸ *SDGs 6, 13, 14, 15* soziale Nachhaltigkeit: ▸ *SDGs 3, 11* ökonomische Nachhaltigkeit: ▸ *SDG 8*	Bewertungssystem Nachhaltiges Bauen, Umweltrecht im Zusammenspiel von chemikalienrechtlichen Anforderungen, Wasser- und Immissionsschutz sowie Abfallrecht gezielte Kommunikation für Folgewirkungen von Konsumentscheidungen

Abb. 2: Aktivitäten der deutschen Bundesregierung zur Erreichung der 17 SDGs | [2]

Webtipp | Nachhaltigkeit Deutschlands mit konkreten Zahlen

UN-Nachhaltigkeitsgipfel: Deutschland legt in New York seine 12 Schlüsselbeiträge vor:
🔗 https://www.bmz.de/de/aktuelles/aktuelle-meldungen/un-gipfel-deutschland-legt-seine-12-schluesselbeitraege-vor-175196
Schlüsselbeiträge der Bundesregierung für den SDG Summit 2023:
🔗 https://www.bmz.de/resource/blob/175206/20230917-schluesselbeitraege-bundesregierung-sdg-gipfel.pdf

Wenn auch die Dimensionen der Nachhaltigkeit inzwischen weithin bekannt sind, so sollen sie im Folgenden in einen Bezug zu den 17 SDGs gesetzt werden und somit einige wesentliche Aspekte genannt werden.

In Zusammenhang mit der ökologischen Nachhaltigkeit wird stets die Artenvielfalt/Biodiversität genannt, die zu den Kernen der SDGs 13 und 14 gehört. Diese biologische Vielfalt zeigt sich unter den Lebewesen tierischer wie pflanzlicher Art, die auf der Basis geographischer Gegebenheiten, wie der Lage auf dem Globus, den dort herrschenden Klimabedingungen, den Wasserverhältnissen und vielem mehr, die Ökosysteme an Land sowie in den Ozeanen prägen. So gut die Natur ohne den Menschen auskommt, so ist die Biodiversität in möglichst intakten Ökosystemen wiederum wichtig für ihn – womit deutlich wird, dass ökologische Nachhaltigkeit auch ein Bestandteil der sozialen Nachhaltigkeit sein kann, indem die Natur auch Lebensraum der Menschen darstellt und zu ihrem Lebensunterhalt wie Wohlbefinden beitragen kann. Diese Leistungen der Natur werden als Ökosystemleistungen – auch Ökosystemdienstleistungen – bezeichnet. Die Erholungsfunktion von Natur und Landschaft ist u.a. wichtig für den Tourismus. Das SDG 6 „Sauberes Wasser und Sanitäreinrichtungen" zeigt in dieser kurzen Bezeichnung ebenso eine enge Verbindung zwischen ökologischer und sozialer Nachhaltigkeit. Die Konkurrenz um Trinkwasser als Grundnahrungsmittel für den Menschen, aber auch unabdingbar für touristische Infrastruktur vom Swimmingpool bis zum Golfplatz, wird damit angedeutet und zu einem Handlungsfeld der Nachhaltigkeit in den Destinationen. Ähnlich steht es um das SDG 7 „Bezahlbare und saubere Energie": Raubbau an Wäldern für das Brennholz zum täglichen Kochen oder verbesserte Öfen sowie der Einsatz erneuerbarer Energie als Alternativen?

Bei der sozialen Nachhaltigkeit stehen die elementaren Bedürfnisse des Menschen und seine Lebensbedingungen im Vordergrund, die sich vorrangig in folgenden SDGs widerspiegeln: SDG 1 „keine Armut“, SDG 2 „Kein Hunger“, SDG 3 „Gesundheit und Wohlergehen“, SDG 4 „Hochwertige Bildung“ und SDG 5 „Geschlechtergerechtigkeit“. Diese Ziele setzen schon bei den Kleinsten an, die in widrigste Verhältnisse hineingeboren werden und damit kaum eine Chance zu einem Leben in einem gesunden wie sicheren Umfeld haben – weit verbreitet vor allem in den Slums von Entwicklungsländern, aber nicht nur dort. Verbesserungen für den Lebensweg von Kindern werden zu globalen Zielen; vom Aufwachsen, in dem die Grundbedürfnisse befriedigt werden können, es eine medizinische Versorgung ermöglicht, gesund älter zu werden und mit dem Schulbesuch die Weichen für eine gute Zukunft zu stellen. Unter der geforderten „hochwertigen Bildung“ wäre durchaus schon der Besuch von Grundschulen, als Teilhabe an elementarer Bildung zu verstehen, die, wie es SDG 5 verdeutlicht, in vielen Ländern keine Selbstverständlichkeit insbesondere für Mädchen darstellt. Die Chance, aus traditionellen Geschlechterrollen und der Abhängigkeit von männlichen Personen auszubrechen und eines Tages selbstbestimmt sein Leben zu gestalten, ist in patriarchalischen Gesellschaften eher gering. Daraus ergibt sich u.a. auch die Notwendigkeit für das SDG 8 „Menschenwürdige Arbeit und Wirtschaftswachstum“. Arbeitsverhältnisse in extremen Verhältnissen als Ausbeutung, aber auch Jobs, die auf Dauer die Gesundheit ruinieren – sei es, dass gesetzliche und andere Regelungen fehlen oder ignoriert werden, wie beispielsweise in der touristischen Hochsaison in Zeiten von Arbeits- und Fachkräftemangel, wären hiermit angedeutet. Das angesprochene Wirtschaftswachstum soll nicht als Freibrief für einen „Raubbau“ an menschlicher Arbeitskraft gelten, sondern sich auf der Basis von Dauerhaftigkeit, Inklusion und Nachhaltigkeit entwickeln.

Mit dem SDG 8 ist auch bereits die Forderung nach einer ökonomischen Nachhaltigkeit verbunden, die SDG 9, 10 und 12 lassen sich ebenfalls dieser Dimension zuordnen. Eine menschenwürdige Arbeit soll den Arbeitenden ihre Existenz sichern, aber auch auf der Seite der Arbeitgeber sollte der Fokus auf einer nachhaltigen Betriebswirtschaft liegen, die nicht nur die ökonomischen Aspekte, sondern auch ihre Konsequenzen für Soziales und Ökologie einbezieht. Nicht das Denken an den schnellen Gewinn oder seine Maximierung wären dabei die obersten Ziele der Unternehmensführung. Die gesellschaftliche Verantwortung, die sich in der intergenerationellen wie intragenerationellen Gerechtigkeit ausdrückt, ist ein wesentlicher Bestandteil ökonomischer Nachhaltigkeit.

Die SDG 16 und 17 betreffen die institutionelle Nachhaltigkeit. Für diesen Begriff gibt es unterschiedliche Definitionen, die sich u.a. auch darin widerspiegeln, dass man zum einen bei institutioneller Nachhaltigkeit als einer vierten Säule – besser: Dimension – der Nachhaltigkeit spricht, zum anderen, wie beispielsweise die UNWTO (2013) diese aufteilt in Tourismuspolitik und Governance und als Basis bzw. Säule 1 für die weiteren versteht: Säule 2 Handel, Investitionen, Daten und Wettbewerbsfähigkeit, Säule 3 Beschäftigung, menschenwürdige Arbeit und Kapazitätsaufbau, Säule 4 Armutsbekämpfung und soziale Gliederung sowie Säule 5 Nachhaltigkeit der natürlichen und kulturellen Umwelt.

1.2 Die 17 SDGs und die Tourismusbranche – eine Einführung in die Problemfelder

SDG 1: Armut in jeder Form und überall beenden

„Die Überwindung von Armut ist die größte Herausforderung der Gegenwart. Armut gibt es in vielen Ausprägungen. Absolute Armut, die mitunter existenzbedrohend ist, ist nicht vergleichbar mit der Situation von Menschen mit niedrigem Einkommen in Deutschland. Beide Formen der Armut müssen jedoch bekämpft werden."

Weitere Informationen:

🔗 https://www.bundesregierung.de/breg-de/themen/nachhaltigkeitspolitik/armut-beenden-1537492

SDG 10: Weniger Ungleichheiten

„Wir alle sind vor dem Gesetz gleich, haben die gleichen Chancen, etwa beim Zugang zu Bildung und zur Gesundheitsversorgung sowie sozialer und wirtschaftlicher Teilhabe. Doch in vielen Ländern ist die Ungleichheit nach wie vor sehr hoch, in einigen Ländern wächst sie sogar. Das muss geändert werden. Denn alle Menschen sollen ihr Leben selbst bestimmen können."

Weitere Informationen:

https://www.bundesregierung.de/breg-de/themen/nachhaltigkeitspolitik/weniger-ungleichheiten-1592836

SDG 13: Maßnahmen zum Klimawandel

„Der Klimawandel führt zu Extremwetterereignisse [sic] wie Wirbelstürmen, Dürren und Überschwemmungen. Wenn der Meeresspiegel steigt, Ernten vertrocknen und ganze Landstücke unbewohnbar werden, zieht es die Menschen dorthin, wo es sich besser leben lässt. Deshalb will die Staatengemeinschaft den Klimawandel gemeinsam deutlich begrenzen."

Weitere Informationen:

https://www.bundesregierung.de/breg-de/themen/nachhaltigkeitspolitik/weltweit-klimaschutz-umsetzen-181812

SDG 11: Nachhaltige Städte und Gemeinden

„Jeder zweite Mensch lebt heute in der Stadt. Der Zuzug ist ungebrochen. Damit wir in Zukunft gut leben, brauchen wir bezahlbaren Wohnraum und eine nachhaltige und integrierte Stadtentwicklungspolitik."

Weitere Informationen:

https://www.bundesregierung.de/breg-de/themen/nachhaltigkeitspolitik/nachhaltige-staedte-gemeinden-1006538

SDG 16: Starke und transparente Institutionen fördern

„Ohne ein sicheres Umfeld und rechtstaatlich handelnde Institutionen ist eine nachhaltige Entwicklung unmöglich. Für Frieden, Gerechtigkeit und Rechtsstaatlichkeit ist gutes Regieren ohne Korruption unerlässlich. Dafür engagiert Deutschland sich und setzt sich mit der Nachhaltigkeitsstrategie konkrete eigene Ziele."

Weitere Informationen:

https://www.bundesregierung.de/breg-de/themen/nachhaltigkeitspolitik/institutionen-foerdern-199866

SDG 17: Partnerschaften zur Erreichung der Ziele

„Das 17. Nachhaltigkeitsziel ist die Grundbedingung für die Erreichung aller weiteren Ziele. Die Agenda 2030 wird getragen von einer globalen Partnerschaft, die alle Akteure – Regierungen, Wirtschaft, Wissenschaft, Zivilgesellschaft und jeden und jede Einzelne – in die Pflicht nimmt. Gemeinsame Verantwortung bedeutet, dass niemand zurückgelassen wird und alle für das globale Gemeinwohl je nach ihrer Leistungsfähigkeit verantwortlich sind. Das erfordert gegenseitigen Respekt, gemeinsam getragene Werte und die gebündelte Kraftanstrengung aller."

Weitere Informationen:

🔗 https://www.bundesregierung.de/breg-de/themen/nachhaltigkeitspolitik/globale-partnerschaften-1140096

Immer wieder wird der Tourismus als Chance gesehen, in bestimmten Regionen die dortige Armut zu reduzieren, die Abwanderung – oftmals eine Landflucht – zu bremsen und als Gegenmaßnahme mit dem Tourismus dort einen neuen Wirtschaftszweig einzuführen und so der Bevölkerung neue Einkommensmöglichkeiten zu verschaffen. Das SDG 10 mit seiner Forderung nach weniger Ungleichheiten bezieht sich auch auf die Benachteiligung von geographischen Räumen, wie der Peripherie eines Staates im Unterschied zu Regionen um die Hauptstadt mit ihren Wirtschaftszentren oder anderen Metropolregionen, in denen durch an diesen Standort gebundene Ressourcen, wie beispielsweise Bodenschätze, im Idealfall für ein funktionierendes Wirtschaftsleben sorgen.

Förderprogramme zur Entwicklung des Tourismus in ländlichen Räumen kommen selbst in Industriestaaten zum Einsatz. Es gilt dabei, in den sich entvölkernden Landschaften mitsamt ihren verödenden Dörfern, in denen fast nur noch alte Menschen leben, Impulse für neue Wirtschaftszweige zu geben, die dann wiederum für junge Menschen und Familien attraktiv sind und sie zu einem Umzug aufs Land motivieren. So versteht in Deutschland das Bundesministerium für Ernährung und Landwirtschaft (BMEL) die Strukturschwäche vieler ländlicher Regionen fern der „Speckgürtel" von Großstädten als einen Aufgabenbereich. Freizeitgestaltung, Erholung und Tourismus finden dort wichtige gute Voraussetzungen. „Die Großwetterlage für Tourismus in Deutschlands ländlichen Regionen ist günstig:

Gesellschaftliche Trends wie Lust auf Regionalität, der Wunsch nach Authentizität, Nachhaltigkeit, Gesundheit oder Entschleunigung passen perfekt zum Image ländlicher Urlaubsregionen. Davon profitieren nicht nur etablierte Ziele wie die Nord- oder Ostseeküste, der Schwarzwald oder das Allgäu. Auch weniger bekannte Regionen wie das Havelland oder Waldhessen konnten in den vergangenen Jahren ihre Attraktivität für Touristinnen und Touristen steigern" (BMEL 2023, S. 28). Mit Hilfe von Fördermaßnahmen durch die Bundesländer, den Bund oder auch der EU können Projekte initiiert und Probleme gelöst werden: „In Sachen Marketing und Vertrieb sowie bei der Fachkräftesicherung und im Ausbau touristischer Infrastrukturen stehen besonders ländliche Regionen und kleine Anbieter vor Herausforderungen" (a.a.O.).

Box | Finanzquellen auch für Förderungen des Tourismus im ländlichen Raum

„BULEplus Bundesprogramm Ländliche Entwicklung und regionale Wertschöpfung; hiermit fördert das Bundesministerium für Ernährung und Landwirtschaft (BMEL) gemeinsam mit verschiedenen Partnern innovative Ansätze in der ländlichen Entwicklung.
ELER Europäischer Landwirtschaftsfonds für die Entwicklung des ländlichen Raums (ELER); fördert die nachhaltige Entwicklung des ländlichen Raums in der Europäischen Union.
LEADER Abkürzung für französisch „Liaison entre actions de développement de l'économie rurale", („Verbindung zwischen Aktionen zur Entwicklung der ländlichen Wirtschaft") ist ein von den lokalen Akteuren getragener Förderansatz der Europäischen Union, mit dem seit 1991 seinerzeit modellhaft, inzwischen fast flächendeckend, innovative Aktionen im ländlichen Raum gefördert werden."
(BUNDESMINISTERIUM FÜR ERNÄHRUNG UND LANDWIRTSCHAFT 2023a, S. 43)

Die Bundesregierung sieht die Förderung des Tourismus als eine Aufgabe ihrer Entwicklungspolitik in Europa und auf anderen Kontinenten, wie es Beispiele aus Albanien und Malawi zeigen. Attraktive Landschaften, oftmals noch stark ländlich und traditionell geprägt als zwei Pluspunkte für eine touristische Erschließung und Entwicklung und als dritten die potenziellen

Arbeitskräfte in einer wirtschaftlich eher schwach strukturierten Region zählen dann zu den guten Voraussetzungen für die Teilnahme an Förderprogrammen. Inwieweit bei einem Engagement das Wohl der Einheimischen und somit die soziale Nachhaltigkeit, aber auch der Schutz der Natur im Vordergrund stehen oder der ökonomische Erfolg von Investoren aus dem Ausland – das steht auf einem anderen Blatt.

Das Credo des Bundesministeriums für wirtschaftliche Zusammenarbeit und Entwicklung (BMZ) lautet: „Tourismus bietet Schwellen- und Entwicklungsländern große Möglichkeiten: Er schafft Arbeitsplätze, fördert lokale Wirtschaftskreisläufe, stärkt die Infrastruktur vor Ort und kann dazu beitragen, Natur und Kultur zu bewahren und Armut und Ungleichheiten zu reduzieren. Dies gelingt vor allem, wenn die Menschen vor Ort an den Einnahmemöglichkeiten aus dem Tourismus beteiligt werden." (BUNDESMINISTERIUM FÜR WIRTSCHAFTLICHE ZUSAMMENARBEIT UND ENTWICKLUNG o.J.b).

In den ländlichen Räumen Albaniens sieht man bei einer nachhaltigen Entwicklung auch ein gute Chancen für den Tourismus: „Sandstrände im Norden, Felsküsten im Süden, Berglandschaften mit traditionellen Dörfern – Albanien verfügt mit seinen abwechslungsreichen Natur- und Kulturlandschaften, seiner (Agro-)Biodiversität, seinen archäologischen und historischen Sehenswürdigkeiten sowie seinen direkten Verbindungen zu Europa über ein enormes Potenzial für die Entwicklung eines umweltfreundlichen, ländlichen Tourismus" (BUNDESMINISTERIUM FÜR WIRTSCHAFTLICHE ZUSAMMENARBEIT UND ENTWICKLUNG o.J.c). Von 2023 bis 2026 läuft in dem Staat ein Projekt mit einem Finanzvolumen von 11,85 Millionen Euro in einer Zusammenarbeit mit der albanischen Regierung und der Privatwirtschaft, „um den ländlichen Raum wettbewerbsfähiger zu machen und die dortigen Einkommen zu verbessern. Das Projekt wird durch die schweizerische Direktion für Entwicklung und Zusammenarbeit kofinanziert" (a.a.O.). Ziel des Projekts ist es, den Aktivtourismus, Agrotourismus sowie einen Tourismus rund um das kulturelle Erbe des Landes zu fördern.

In der deutschen Entwicklungszusammenarbeit mit Malawi bildet neben weiteren Schwerpunkten der Aufbau eines nachhaltigen Tourismussektors eine Rolle. Im Rahmen des Projekts „Mehr Beschäftigung und Einkommen im ländlichen Raum von Malawi" (MIERA) soll die touristische Wertschöpfungskette in diesem afrikanischen Land und insbesondere in dessen ländlichen Räumen gefördert werden. Der Tourismus besaß vor der Coronapandemie mit ca. 516.000 Arbeitsplätzen im Jahr 2019, die fast sieben Prozent der Gesamtbeschäftigung im Land ausmachen, in Malawi bereits eine Bedeutung; durch die Pandemie erfolgte ein Rückgang der internationalen Touristenankünfte von rund 80 %. „Zu den Maßnahmen des Programms gehören die Unterstützung lokaler Kleinst-, Klein- und Mittelunternehmen (KKMU) und Verbände, die Förderung des Dialogs zwischen dem privaten und dem öffentlichen Sektor und die Entwicklung von Ansätzen zur besseren Vermarktung Malawis als Reiseziel. Zuletzt wurden 14 KKMU bei der Teilnahme an internationalen Tourismusmessen unterstützt. Hier wurden wichtige Kontakte zu europäischen Reiseveranstaltern aufgebaut und Malawi als Ziel für Touristen bekannt gemacht" (BUNDESMINISTERIUM FÜR WIRTSCHAFTLICHE ZUSAMMENARBEIT UND ENTWICKLUNG o.J.d).

Zu den großen Problemfeldern des Tourismus gehört ebenso der vom Menschen ausgelöste (anthropogene) Klimawandel. In dieser Beziehung muss der Tourismus einerseits als Täter und andererseits als Opfer betrachtet werden. Das SDG 13 fordert im Allgemeinen umgehend Maßnahmen zum Klimaschutz und damit letztendlich auch von der Tourismusbranche ein nachhaltiges Handeln, das bei der ökologischen Nachhaltigkeit mit dem Schützen von Ökosystemen und ihrer Biodiversität beginnt, soziale und ökonomische Nachhaltigkeit ebenfalls einschließt und schließlich bei der institutionellen Nachhaltigkeit, die den Rahmen vorgibt, endet.

Im Zusammenhang mit dem SDG 13 muss auch das SDG 11 gesehen werden, indem Städte und Gemeinden besser im Hinblick auf die Auswirkungen des Klimawandels aufgestellt werden müssen. Dies betrifft nicht nur die Einwohner, es kann bzw. wird auch für den Städtetourismus relevant. Bessere Aufenthalts- und Lebensbedingungen in Städten, von denen Touristen wie Einheimische profitieren, sind inzwischen in der Stadtplanung angekommen. Es gilt, Städte und Gemeinden hitzeresilienter umzugestalten, d.h. beispielsweise die Versiegelung der Böden zu reduzieren und an diesen Stellen mehr Grün oder auch zusätzliche Wasserflächen in die Stadt zu bringen. Dies wirkt sich wiederum positiv auf das Stadtklima aus, erhöht hier die Lebensqualität und kann in zentralen Lagen attraktive Orte für Freizeit und Tourismus schaffen. Gute Beispiele wären hierfür in Düsseldorf der Kö-Bogen I und Kö-Bogen II für kreative moderne Grünanlagen an ungewöhnlichen Standorten oder in Bordeaux der Miroir d'eau („Wasserspiegel") an prominenter Stelle in der Altstadt – die immerhin als Weltkulturerbe der UNESCO gelistet ist.

Durch die Hitzephasen, die von Jahr zu Jahr neue Rekordwerte erreichen, scheint sich ein Trend in kühlere Destinationen zu entwickeln, wobei sich in Europa Deutschland, Irland, Großbritannien und Skandinavien aufgrund ihrer klimatischen Bedingungen als Gewinner sehen können.

Schäden durch Hitze und Dürre in den Landschaften des Mittelmeerraumes und anderen vergleichbaren Klimaten, wie zum Beispiel Kalifornien – insbesondere durch die großflächigen Waldbrände in diesen Regionen – beeinträchtigen bis gefährden das Leben der Einheimischen und machen auch nicht vor Destinationen Halt.

Mit den SDGs 16, 17 wird u.a. die institutionelle Nachhaltigkeit als vierte Dimension eingefordert. Aufgaben von Institutionen, Branchenverbänden, aber auch der Politik, die für Wirtschaft, Verkehr, ländliche Entwicklungen und andere den Tourismus tangierende Bereiche zuständig sind, liefern Vorgaben mit ihren Zielsetzungen und Koordinierungen. Dazu gehören beispielsweise das Programm der deutschen Nachhaltigkeitsstrategie der Bundesregierung, die Handlungsfelder des Bundesministeriums für Ernährung und Landwirtschaft mit einem Fokus auf Entwicklung des Tourismus im ländlichen Raum oder auch das Bundesumweltministerium, das einen nachhaltigen Tourismus mit Naturschutz in Einklang bringen möchte. (Mehr zur institutionellen Nachhaltigkeit in Kapitel 6.1)

↺ Zusammenfassung

Die Vereinten Nationen sind Urheber der 17 Ziele zur Entwicklung von Nachhaltigkeit – Sustainable Development Goals, kurz SDGs, die 2015 mit der Agenda 2030 veröffentlicht wurden. Die Unterzeichnerstaaten der Agenda 2030 verpflichten sich, diese Handlungsfelder für ökologische, soziale, ökonomische und institutionelle Nachhaltigkeit in ihre Regierungsprogramme aufzunehmen und umzusetzen. „Als Kompass für die Zukunft" hat die Bundesregierung eine Deutsche Nachhaltigkeitsstrategie beschlossen, die im Turnus weniger Jahre jeweils aktualisiert wird.

Aus den allgemein gültigen 17 SDGs lassen sich ebenso spezielle Handlungsfelder für einen nachhaltigen Tourismus ableiten, die über die für den Tourismus naheliegenden Forderungen von intakten Ökosystemen an Land und im Wasser hinausgehen. Aspekte der sozialen, ökonomischen wie institutionellen Nachhaltigkeit müssen auch als Herausforderungen und Ziele für die Tourismusbranche gesehen werden.

➲ Reflexionsfragen

1. Welche SDGs haben eine besondere Relevanz für Destinationen in Entwicklungsländern? Begründen Sie Ihre Zuordnungen!
2. Welche Voraussetzungen müssen existieren oder erst geschaffen werden, damit das SDG 5 umgesetzt werden kann? Welche Handlungsfelder gibt es dabei? Eine gute Quelle für den Einstieg in das Thema: 🔗 https://www.brot-fuer-die-welt.de/themen/gleichberechtigung/
3. Welche Rolle kann der Tourismus bei einer Gleichstellung der Geschlechter spielen? Welche Beobachtungen haben Sie vielleicht auf Ihren Reisen gemacht?
4. „Die Welt im Wasserstress" – recherchieren Sie zu den weltweiten Problemen rund um das Trinkwasser! Auch hierzu bietet Tourism Watch Informationsmaterial: 🔗 https://www.brot-fuer-die-welt.de/themen/die-welt-im-wasserstress/
5. Worin bestehen die typischen Herausforderungen, wenn Tourismus in einer strukturschwachen ländlichen Region entwickelt werden soll? Wenn Sie selber auf dem Land leben, können Sie davon vermutlich ein Lied singen; für Großstadtbewohnerinnen und -bewohner ist die Publikation „Ländliche Regionen im Fokus" des BMEL eine gute Quelle.

2 Von der Entdeckung der Notwendigkeit eines nachhaltigen Handelns

2.1 Der Oberberghauptmann Hans Carl von Carlowitz

Es lässt sich sehr gut belegen, wann Gedanken zur Nachhaltigkeit erstmals in der Literatur erschienen. Hans Carl von Carlowitz (1645–1714), Oberberghauptmann am kursächsischen Hof in Dresden, befasste sich dienstlich mit den Bergbaubetrieben und Schmelzhütten seines Landesherrn. Als Direktor des Oberbergamts war er u.a. für die Versorgung dieses bedeutenden Wirtschaftszweigs mit Holz verantwortlich, einem Grundstoff, der schließlich den sächsischen Herrschern – modern formuliert: die Lizenz zum Geld drucken – historisch korrekt: zum Prägen von Silbermünzen gab. Bereits im 12. Jahrhundert waren die ersten Silbervorkommen im Erzgebirge entdeckt worden. Die Entwicklung dieser Bergbauregion führte zu einem Raubbau an den dortigen Wäldern.

Diese Problematik und das absehbare Verschwinden der wichtigen Ressource Holz, das dann das Ende der gewinnbringenden Montanregion bedeutet hätte, ließ bei dem Bergbaudirektor den Gedanken an eine nachhaltige Forstwirtschaft aufkeimen. 1713 erschien sein Werk mit dem Kurztitel „Sylvicultura Oeconomica".

Dem vollständigen Titel seiner Abhandlung mit 1.599 Zeichen (🔗 https://carlowitz-gesellschaft.de/) lassen sich bereits wesentliche Aspekte und Maßnahmen seiner Wirtschaftslehre für eine Waldkultur entnehmen, die eine wichtige Ressource für das „Hauß-Bau-Brau-Berg- und Schmeltz-Wesen" darstellt. Um die große Nachfrage befriedigen zu können, empfiehlt von Carlowitz dem überall einreißenden großen Holzmangel durch das Sammeln von Baumsamen, Säen, Pflanzen und Versetzen von Bäumen durch Menschenhand entgegenzuwirken, aber auch die durch die Natur verbreiteten nützlichen Gehölze zu pflegen, um baumlose Flächen wieder nutzbar zu machen. Als wesentliche Grundlage für die Aufforstungen müssen die Böden entsprechend vorbereitet werden.

Der Begriff der Nachhaltigkeit kommt in Form des Adjektivs „nachhaltend" in der Sylvicultura Oeconomica erst auf Seite 105f. vor und der Autor drückt an dieser Stelle aus, dass nachhaltende Nutzung der Wälder unentbehrlich für die Zukunft des Landes sei: „Wird derhalben die größte Kunst/

Wissenschaft/Fleiß und Einrichtung hiesiger Lande darinnen beruhen / wie eine sothane Conservation und Anbau des Holtzes anzustellen / daß es eine continuierliche beständige und nachhaltende Nutzung gebe / weiln es eine unentberliche Sache ist / ohne welche das Land in seinem Esse (im Sinne von Wesen, Dasein, d. Verf.) nicht bleiben mag."

Der erste Schritt zu einem systematischen nachhaltigen Handeln lässt sich somit dem ressourcenökonomischen Prinzip zuordnen, das zum Ziel hat, Ressourcen dauerhaft gewinnbringend nutzen zu können – die Ressourcen ökologisch intakt zu erhalten, ist dabei nicht gefragt. Ökonomische Nachhaltigkeit sollte auch mit einem Sprung über mehr als zweieinhalb Jahrhunderte nach dem Werk des Hans Carl von Carlowitz das Streben von Personen aus der Wirtschaft und Wissenschaft bestimmen.

2.2 Der Club of Rome und das revolutionäre Buch „Die Grenzen des Wachstums"

Personen aus Wirtschaft und Wissenschaft in Europa sowie den Vereinigten Staaten von Amerika setzten in den 1960er/70er Jahren den nächsten Meilenstein auf dem Weg zur Nachhaltigkeit als aktuelle Herausforderung. Der zeitliche Kontext, der Fragen nach den Auswirkungen des grenzenlos scheinenden Wirtschaftswachstums bei kritischen Geistern aufkommen ließ, war insbesondere das sogenannte „Wirtschaftswunder", das sich aus dem Wiederaufbau nach den weitreichenden Zerstörungen in Deutschland und anderen europäischen Staaten durch den Zweiten Weltkrieg entwickelte. Qualmende Fabrikschlote und ihre ungebremsten Emissionen wurden zum Ideal, zum Zeichen einer florierenden Wirtschaft. „In der zweiten Hälfte des 20. Jahrhunderts traten Umweltprobleme und -belastungen, die durch globales wirtschaftliches und technisches Wachstum ausgelöst wurden, immer deutlicher zutage. Der Schutz von Umwelt und Natur rückte verstärkt in den Fokus und wurde zu einem öffentlichen Thema" (STREICH 2022, S. 5).

Der Wirtschaftswissenschaftler Aurelio Peccei mit zahlreichen führenden Positionen in italienischen Unternehmen (z.B. Fiat und Olivetti) und internationalen Institutionen und der schottische Chemiker Alexander King als wissenschaftlicher Direktor bei der Organisation für wirtschaftliche Zusammenarbeit und Entwicklung (OECD) initiierten 1968 ein Treffen europäischer Wissenschaftler. Es sollte um Zukunftsfragen gehen, um das

„moderne Dilemma der Menschheit zwischen ihrer langfristigen Zukunft und der des Planeten“.

1968 versammelten Peccei und King Wissenschaftler aus Europa in Rom, um die Herausforderungen der Zukunft zu diskutieren; aus diesem Treffen ging die Gründung des heute noch aktiven Club of Rome hervor. „Their goal: to advance three core ideas that still define the Club of Rome today: a global and a long-term perspective, and the concept of „problematique“, a cluster of intertwined global problems, be they economic, environmental, political or social.“ (CLUB OF ROME o.J.)

Der Club of Rome gab dem Massachusetts Institute of Technology (MIT) den Forschungsauftrag, mit Hilfe der – damaligen – Möglichkeiten von Computersimulationen die Zukunft der Erde vorherzusagen, wenn ihre Bewohner ihr Verhalten, ihr Wirtschaften, ihren Umgang mit dem Planeten nicht ändern würden. 1972 erschien das Buch „Limits to Growth“ von Dennis und Donella Meadows, Jorgen Randers, William W. Behrens III.

Lesetipp | Die deutsche Ausgabe von Limits to Growth

Meadows, Dennis und Donella; Zahn, Erich; Milling, Peter (1973): Die Grenzen des Wachstums. Bericht an den Club of Rome zur Lage der Menschheit. Reinbek: Rowohlt.

Die Studie „berücksichtigte die Wechselwirkungen zwischen Bevölkerungsdichte, Nahrungsmittelressourcen, Energie, Material und Kapital, Umweltzerstörung, Landnutzung, u.a. Mittels Computersimulationen wurde eine Reihe von Szenarien entwickelt. Die Ergebnisse waren immer ähnlich: ein katastrophaler Abfall in der Weltbevölkerung und dem Lebensstandard innerhalb von 50 bis 100 Jahren, wenn die gegenwärtigen Trends anhielten.“ (PUFÉ 2017, S. 40).

Das Fazit des Autorenteams aus dem Jahre 1972 zu den Ergebnissen ihrer Forschung und den Grenzen des Wachstums lautet:

„1. Wenn die gegenwärtige Zunahme der Weltbevölkerung, der Industrialisierung, der Umweltverschmutzung, der Nahrungsmittelproduktion und der Ausbeutung von natürlichen Rohstoffen unverändert anhält, werden die absoluten Wachstumsgrenzen auf der Erde im Laufe der nächsten hundert Jahre erreicht. Mit großer Wahrscheinlichkeit führt dies zu einem ziemlich raschen und nicht aufhaltbaren Absinken der Bevölkerungszahl und der industriellen Kapazität.

2. Es scheint möglich, die Wachstumstendenzen zu ändern und einen ökologischen und wirtschaftlichen Gleichgewichtszustand herbeizuführen, der auch in weiterer Zukunft aufrechterhalten werden kann. Er könnte auf diese Weise erreicht werden, daß die materiellen Lebensgrundlagen für jeden Menschen auf der Erde sichergestellt sind und noch immer Spielraum bleibt, individuelle menschliche Fähigkeiten zu nutzen und persönliche Ziele zu erreichen.

3. Je eher die Menschheit sich entschließt, diesen Gleichgewichtszustand herzustellen, und je rascher sie damit beginnt, um so größer sind die Chancen, daß sie ihn auch erreicht." (STREICHER 1997, S. 65)

Im Zusammenhang mit diesen und anderen Forschungen wurde der Begriff der Nachhaltigkeit weitergefasst: neben der ökonomischen Nachhaltigkeit rückten nun auch die Dimensionen Ökologie und Soziales sowie ihre Beziehungen und Abhängigkeiten in den Fokus der Wissenschaft und schließlich auch der Politik (→ Kap. 2.3).

Das inzwischen weiter verbreitete Bewusstsein für die Grenzen des Wachstums zeigt sich u.a. im Erdüberlastungstag (Earth Overshoot Day). Das Global Footprint Network ermittelt jährlich mit Hilfe von Kennzahlen den Erdüberlastungstag, der die ökologischen Grenzen unseres Planeten aufzeigt. An diesem errechneten Tag hat die Nachfrage der Weltbevölkerung nach Ressourcen das Angebot der Natur und ihrer Ökosysteme, die sich innerhalb eines Jahres regenerieren könnten, aufgebraucht. An jenem Tag überschreitet die Menschheit eine wichtige Grenze und sie beginnt, auf Kosten zukünftiger Generationen zu leben – die intragenerationelle sowie die intergenerationelle Gerechtigkeit (→ Kap. 2.3) werden missachtet. Hierbei gibt es im weltweiten Vergleich gravierende Unterschiede zwischen den Bewohnern verschiedener Gruppen von Staaten, zwischen Industrieländern und Entwicklungsländern. In wirtschaftlich starken Nationen sorgen der hohe Verbrauch an Ressourcen sowie der jeweilige Lebensstil samt Konsum und darunter auch das Reiseverhalten für einen weiter ins Jahr vorgerückten Erdüberlastungstag. Aber auch global gesehen bewegt sich dieser Tag vom Jahresende mittlerweile in den Sommer: 1990 galt der 11. Oktober als Earth Overshoot Day, im Jahr 2000 war es der 23. September, 2010 der 7. August und 2023 der 2. August. In Deutschland lag der Erdüberlastungstag im Jahr 2023 auf dem 4. Mai, im Jahr 2025 ist er um einen Tag auf den 3. Mai nach vorne gerückt.

Box | Verbrauch an Erden

„Würden alle Menschen so leben wie die momentane Bevölkerung der USA, bräuchten wir 5 Erden. Deutschland brachte es im Jahr 2019 immerhin noch auf einen Verbrauch von 3 Erden und China ‚konsumiert' nach aktuellem Stand jährlich 2,2 Erden".
(STEINHAUSER 2022, S. 4)

2.3 Die Politik beginnt, Nachhaltigkeit als eine ihrer Aufgaben zu verstehen

In den 1980er Jahren werden weitere wichtige Meilensteine auf dem Weg zu einer globalen Nachhaltigkeit gesetzt. 1983 gründen die Vereinten Nationen (UN) die Weltkommission für Umwelt und Entwicklung (World Commission on Environment and Development, kurz: WCED). Als erste große Aufgabe erhält die WCED den Auftrag, einen „Perspektivbericht zu langfristig tragfähiger, umweltschonender Entwicklung im Weltmaßstab bis zum Jahr 2000 und darüber hinaus zu erarbeiten" (PUFÉ 2017, S. 42f.).

In dem ca. 300 Seiten umfassenden Bericht „Our Common Future" (BRUNDTLAND-BERICHT o.J.), der auch nach der damaligen Vorsitzenden Gro Harlem Brundtland als „Brundtland-Bericht" in die Geschichte einging, werden wichtige Definitionen zur Nachhaltigkeit sowie ein Leitbild für nachhaltige Entwicklung erstmals in einem politischen Dokument formuliert. Dabei rückt die soziale Nachhaltigkeit stärker in den Fokus, wie es am bekanntesten Zitat dieses Berichts abzulesen ist: „Nachhaltige Entwicklung ist eine Entwicklung, die gewährleistet, dass künftige Generationen nicht schlechter gestellt sind, ihre Bedürfnisse zu befriedigen, als gegenwärtig lebende" (PUFÉ 2017, S. 42).

In diesem Zusammenhang gewinnen die Begriffe intragenerationelle und intergenerationelle Gerechtigkeit an Bedeutung. Die intragenerationelle Gerechtigkeit hat die Lebensbedingungen einer Generation, die zur gleichen Zeit lebt, im Blick. Da gibt es beispielsweise Jugendliche in Industrieländern, die in sicheren Verhältnissen aufwachsen, die Chance haben, zur Schule zu gehen, zu studieren oder einen Beruf zu lernen, der ihnen gute Perspektiven für ihr weiteres Leben eröffnet – inklusive eines gewissen Lebensstils, wie er in der jeweiligen Gesellschaft erwartbar ist. Zeitgleich wachsen im selben

Staat Kinder in Familien auf, in denen nicht mehr als Armut vererbt werden kann und die Startchancen in ein selbstbestimmtes Leben für Jugendliche aus vielerlei Gründen schlecht sind. Global betrachtet können zur gleichen Zeit die Aussichten auf eine gesicherte Gegenwart und erst recht Zukunft für ihre Altersgenossen miserabel sein, weil durch die Auswirkungen des Klimawandels – wie beispielsweise des Meeresspiegelanstiegs – allein schon der Lebensraum ihrer Familien unbewohnbar wird. Unter der intergenerationellen Gerechtigkeit sind die Beziehungen zwischen den aufeinanderfolgenden Generationen gemeint, wie es die Aussage „Wir haben die Erde von unseren Kindern nur geliehen“ andeutet.

Die drei Dimensionen der Nachhaltigkeit – die soziale, ökologische und ökonomische Nachhaltigkeit – rücken seit den 1970er/80er Jahren mit diversen Abkommen stärker in das öffentliche Interesse. Mit dem Schutz der Natur und der Umwelt, der Erhaltung der Artenvielfalt wird die ökologische Nachhaltigkeit durch wegweisende Abkommen auf internationaler Ebene – auch wenn sie teilweise Städtenamen tragen – ins allgemeine Bewusstsein gerückt. Hierzu gehören beispielsweise der Schutz von Feuchtgebieten als Lebensraum oder Überwinterungsgebiet von Watvögeln in der Ramsar-Konvention (1971), die Welterbekonvention der UNESCO (1972) zum Schutz einzigartiger Natur- und Kulturstätten, das Washingtoner Artenschutzabkommen (1973) oder die Bonner Konvention (1979) zum Schutz wandernder Tierarten, die dabei im Jahreslauf auch internationale, wenn nicht sogar kontinentale Grenzen überqueren, wie zum Beispiel die Zugvögel.

Bereits im Namen verrät das von der UNESCO 1971 ins Leben gerufene Programm Man and Biosphere (Mensch und Biosphäre) die Verbindungen zwischen den Bedürfnissen der Menschen, einer nachhaltigen Entwicklung und dem Schutz der Natur, aber auch demjenigen historischer Kulturlandschaften wie er schließlich in Biosphärenreservaten umgesetzt werden wird.

Ein weiterer Meilenstein in der nachhaltigen Entwicklung auf globaler Ebene folgte der United Nations Conference on Environment and Develpoment (UNCED) in Rio de Janeiro im Jahr 1992. Die daraus hervorgehende sogenannte Rio-Deklaration umfasste ein „Paket“ mehrerer Abkommen, die Umweltprobleme sowie Herausforderungen in der globalen Entwicklung und damit alle drei Handlungsfelder der Nachhaltigkeit in Beziehung setzte. Neben der Klimaschutz-Konvention, der Biodiversitätskonvention, der Walddeklaration und der Konvention zur Bekämpfung der Wüstenbildung wurde in den 27 Grundsätzen der Rio-Deklaration erstmals auch das Recht auf nachhaltige Entwicklung festgehalten. „Weiter wurden das

Vorsorge- und Verursacherprinzip als Leitprinzipien anerkannt. Als unerlässliche Voraussetzungen für eine nachhaltige Entwicklung werden u.a. die Bekämpfung der Armut, eine angemessene Bevölkerungspolitik, Verringerung und Abbau nicht nachhaltiger Konsum- und Produktionsweisen sowie die Einbeziehung der Bevölkerung in politische Entscheidungsprozesse genannt" (PUFÉ 2017, S. 49). Damit erhält die soziale Nachhaltigkeit offiziell den ihr gebührenden Stellenwert.

Die Leitlinien einer Entwicklung, die auf den drei Dimensionen der Nachhaltigkeit basiert, werden in der Agenda 21 als bekanntestem Abkommen der Rio-Konferenz formuliert. Dieses Aktionsprogramm für das 21. Jahrhundert wurde von 178 Staaten verabschiedet, die sich damit auch verpflichteten, es umzusetzen. „Mit diesem Aktionsprogramm werden detaillierte Handlungsaufträge gegeben, um einer weiteren Verschlechterung der Situation entgegenzuwirken, eine schrittweise Verbesserung zu erreichen und eine nachhaltige Nutzung der natürlichen Ressourcen sicherzustellen. Wesentlicher Ansatz ist dabei die Integration von Umweltaspekten in alle anderen Politikbereiche. Das Aktionsprogramm gilt sowohl für Industrie- wie für Entwicklungsländer. Es enthält wichtige Festlegungen, unter anderem zur Armutsbekämpfung, Bevölkerungspolitik, zu Handel und Umwelt, zur Abfall-, Chemikalien-, Klima- und Energiepolitik, zur Landwirtschaftspolitik sowie zu finanzieller und technologischer Zusammenarbeit der Industrie- und Entwicklungsländer" (AGENDA 21 o.J.).

Die Agenda 21 unterteilt die Handlungsfelder in vier Bereiche:

- Soziale und wirtschaftliche Dimension
- Erhaltung und Bewirtschaftung der Ressourcen für die Entwicklung
- Stärkung der Rolle wichtiger Gruppen
- Möglichkeiten der Umsetzung

soziale und wirtschaftliche Dimension	• Diese behandelt die soziale und wirtschaftliche Dimension mit den wichtigen Aspekten Armutsbekämpfung, Bevölkerungsdynamik, Gesundheitsschutz und nachhaltige Siedlungsentwicklung.
Erhaltung und Bewirtschaftung der Ressourcen für die Entwicklung	• Dies umfasst die ökologieorientierten Themen vom Schutz der Erdatmosphäre über die Bekämpfung der Entwaldung, dem Erhalt der biologischen Vielfalt bis hin zur umweltverträglichen Entsorgung von Abfällen.

Stärkung der Rolle wichtiger Gruppen	•	Diese umfasst die partizipativen Aspekte von diversen gesellschaftlichen Gruppen, die für die Umsetzung der Agenda von besonderer Bedeutung sind.
Möglichkeiten der Umsetzung	•	Diese behandeln die Rahmenbedingungen der Umsetzung hinsichtlich der finanziellen und organisatorischen Instrumente wie z.B. Technologietransfer, Bildung, internationale Zusammenarbeit.

Abb. 3: Themenbereiche der Agenda 21 | [3]

Diese Aufforderungen zum Handeln richten sich nicht nur an die Regierungen von Staaten bzw. die nationale Politik, an Nichtregierungsorganisationen (NGO) und andere Institutionen, auch die untersten politischen Ebenen, die Regionen und Kommunen, werden aufgefordert, gemeinsam mit den Bürgerinnen und Bürgern eine „Lokale Agenda 21“ zu erarbeiten und umzusetzen.

„Neben der Ableitung genereller Leitlinien, die der Zukunftssicherung der betreffenden Gemeinde, Stadt oder des Kreises dienen sollen, ist die Erarbeitung von konkreten Maßnahmenprogrammen und die Realisierung von Projektbeispielen ein zentraler Punkt.

Grundlage für einen erfolgversprechenden Agenda-Prozess ist eine breite und engagierte Beteiligung möglichst vieler Akteure aus Politik, Verwaltung, Wirtschaft, Gewerkschaften, Kirchen, Vereinen, Umwelt- und Nord-Süd-Gruppen sowie vor allem von ‚nicht organisierten‘ Bürgern“ (HERMANNS 2002).

Als nächsten Meilenstein auf dem Weg zu einer globalen nachhaltigen Entwicklung setzten die 193 Mitgliedsstaaten der Vereinten Nationen im September 2015 die Agenda 2030. Bekannter als diese Bezeichnung wurden die darin formulierten 17 Ziele für nachhaltige Entwicklung, die 17 SDGs (→ Kap. 1).

Box | Nachhaltigkeit als politisches Handlungsfeld der Bundesrepublik Deutschland

1992 unterzeichnete Deutschland das in Rio de Janeiro aufgestellte globale Aktionsprogramm und verpflichtete sich damit, die Agenda 21 national in allen Politikbereichen unter Beteiligung von Gesellschaft und Wirtschaft umzusetzen.

2002 beschloss Deutschland erstmals eine eigene Nachhaltigkeitsstrategie.
2015 verpflichtete sich Deutschland, die 17 SDGs im eigenen Land umzusetzen und entwickelte dazu eine Nachhaltigkeitsstrategie.
2021 beschloss das Bundeskabinett die Weiterentwicklung der deutschen Nachhaltigkeitsstrategie; „Schwerpunkte sind sechs große Transformationsbereiche, in denen noch größerer Handlungsbedarf besteht: Menschliches Wohlbefinden und Fähigkeiten, soziale Gerechtigkeit, Energiewende und Klimaschutz, Kreislaufwirtschaft, Nachhaltiges Bauen und Verkehrswende, nachhaltige Agrar- und Ernährungssysteme, schadstofffreie Umwelt."
(BUNDESREGIERUNG o.J.b).

Welche Aufträge leitet die deutsche Bundesregierung daraus für ihre nationale wie internationale Politik ab? Die deutsche Nachhaltigkeitsstrategie aus dem Jahr 2021 gibt darüber aktuell Auskunft (BUNDESREGIERUNG o.J.b). Dieses Papier soll Grundlage für politische Reformen sein und ebenso Veränderungen im Verhalten von Unternehmen und Verbraucherinnen und Verbraucher fördern. „Weit über die ökologischen Aufgaben hinaus dient das Konzept als Handlungsanleitung für eine umfassende zukunftsfähige Politik. Es geht um übergreifende Verantwortung für eine ökonomisch, ökologisch und sozial tragfähige Entwicklung für alle Generationen." (a.a.O.) In diesem Kapitel geht es um Nachhaltigkeit im Allgemeinen – eventuell mit einem indirekten Bezug zum Tourismus, eindeutig mit Handlungsfeldern einer nachhaltigen Tourismuspolitik beschäftigt sich das → Kap. 6.

Zu den Handlungsfeldern rund um die geforderte Nachhaltigkeit auf internationaler Ebene, zu der sich die Bundesrepublik Deutschland mit der Unterzeichnung der Agenda 2030 verpflichtet hat, gehört auf nationaler Ebene u.a. ein „Zukunftspaket". Dessen Maßnahmen werden in folgenden Kategorien und dieser Reihenfolge zusammengefasst: „(1) Mobilitätswende fördern, (2) Energiewende und Erreichung der Klimaziele, (3) Investitionen in Digitalisierung, (4) Förderung von Bildung/Ausbildung und Forschung, (5) Gesundheitssystem stärken/Schutz vor Pandemien" (DEUTSCHE NACHHALTIGKEITSSTRATEGIE KURZFASSUNG, S. 8). Mit dem letztgenannten Punkt zeigt sich die Bewältigung der Folgen der Coronapandemie als wichtige Herausforderung in dieser Zeit, die insbesondere ökonomische und soziale Nachhaltigkeit in Bezug auf den Fortbestand von Unternehmen, die Sicherung von sozialen Diensten, den Erhalt von Arbeitsplätzen sowie die Vermeidung sozialer Notlagen und Krisensituationen im Fokus haben – ohne jedoch den Begriff der Nachhaltigkeit in diesem Zusammenhang zu erwähnen.

Auf europäischer Ebene schließt sich Deutschland der „klaren Priorität" nachhaltiger Entwicklung der Europäischen Kommission an, die die Agenda 2030 in den Mittelpunkt ihrer Politik rücken und danach ihr internes und externes Handelns ausrichten will. Als neues europäisches Zukunftsmodell soll ein Green Deal Europa bis 2050 zu einem klimaneutralen und ressourcenschonenden Kontinent mit einer fairen und wohlhabenden Gesellschaft sowie einer modernen, ressourceneffizienten und wettbewerbsfähigen Wirtschaft machen und dabei auch die Sozialverträglichkeit des Wandels berücksichtigen (vgl. a.a.O., S. 7). Als konkrete Handlungsfelder hat Deutschland während seiner EU-Ratspräsidentschaft u.a. folgende Initiativen und Strategien gesehen: im Rahmen des European Green Deal das Klimagesetz, die Biodiversitäts- und die Waldstrategie, der Kreislaufwirtschaftsaktionsplan ebenso wie die nachhaltige Chemikalienstrategie und im Lebensmittelbereich die Farm-to-Fork-Strategie (Vom-Hof-auf-den-Tisch) sowie der Bereich Digitalisierung und Nachhaltigkeit (vgl. a.a.O., S. 8). Von einigen dieser Aufgabenbereiche der Politik sind direkte Verbindungen zum Tourismus zu ziehen, wie beispielsweise Biodiversität und intakte Wälder für die verschiedenen Formen von Naturtourismus.

Box | ESDN (European Sustainable Development Network)

Deutschland ist Mitglied des 2002 gegründeten Europäischen Nachhaltigkeitsnetzwerks ESDN (European Sustainable Development Network). Der Verein ESDN befasst sich als Lern- und Austauschplattform vor allem mit Fragen der Vorbereitung und Umsetzung nationaler Strategien und Prozesse, die der Umsetzung der internationalen Verpflichtungen im Bereich der nachhaltigen Entwicklung, insbesondere der Agenda 2030 der Vereinten Nationen für nachhaltige Entwicklung und der damit verbundenen Ziele für nachhaltige Entwicklung (Sustainable Development Goals, SDGs), dienen."
(EUROPÄISCHES NETZWERK FÜR NACHHALTIGE ENTWICKLUNG o.J.)

Über Europa hinaus soll der Einsatz für eine breit aufgestellte Nachhaltigkeit auch eine Maxime in der deutschen Entwicklungszusammenarbeit sein – Aspekte des Ferntourismus würden u.a. hierbei in den Fokus rücken. So lautet das Credo: „Die Agenda 2030 mit den 17 SDGs und die vorangestellten handlungsleitenden Prinzipien Mensch, Planet, Wohlstand, Frieden und Partnerschaft (englisch: People, Planet, Prosperity, Peace, Partnership – „5 Ps“) bilden die Richtschnur für die Entwicklungszusammenarbeit der Bundesregierung“ (a.a.O., S. 7). Durch die weltweite Coronapandemie hatten vor allem die Förderung der medizinischen Versorgung und die Bewältigung der Folgen der Pandemie in jener Zeit Vorrang. Hierzu gehörte es auch, „eine nachhaltig ausgerichtete wirtschaftliche Erholung („Recover Better“) zu ermöglichen“ (a.a.O., S. 7).

Box | IKI (Internationale Klimaschutzinitiative)

„Die Internationale Klimaschutzinitiative (IKI) ist ein wichtiger Teil der internationalen Klimafinanzzusagen der Bundesregierung. Die IKI wird seit dem Jahr 2022 vom Bundesministerium für Wirtschaft und Klimaschutz (BMWK) in enger Zusammenarbeit mit dem Bundesministerium für Umwelt, Naturschutz, nukleare Sicherheit und Verbraucherschutz (BMUV) und dem Auswärtigen Amt (AA) umgesetzt. Mit der IKI unterstützen die drei Ministerien gemeinsam in Entwicklungs- und Schwellenländern Lösungsansätze, um die im Übereinkommen von Paris verankerten, national festgelegten Klimaschutzbeiträge (Nationally Determined Contributions, NDCs) umzusetzen und ambitioniert weiterzuentwickeln. Dazu gehören Maßnahmen zur Anpassung an die Auswirkungen des Klimawandels sowie zum Erhalt und Wiederaufbau natürlicher Kohlenstoffsenken unter Berücksichtigung ökologischer, wirtschaftlicher und sozialer Belange.“
(INTERNATIONALE KLIMASCHUTZINITIATIVE o.J.a)

Einen Blick auf die Aktivitäten, d.h. den zugesagten Fördermitteln im Jahr 2022, zeigt folgende Schwerpunkte des IKI in den Handlungsfeldern:

- Minderung von Treibhausgasen
  (440 Millionen Euro)
- Schutz der biologischen Vielfalt
  (151 Millionen Euro)

- Anpassung an die Folgen des Klimawandels
  (111 Millionen Euro)
- Erhalt natürlicher Kohlenstoffsenken, mit Schwerpunkt auf Reduktion von Emissionen aus Entwaldung und Walddegradierung
  (24 Millionen Euro)
- Unterstützungsvorhaben und Projektträgerkosten
  (10 Millionen Euro)

(vgl. INTERNATIONALE KLIMASCHUTZINITIATIVE o.J.b)

Die geographische Verteilung der 2022 initiierten Förderungen zeigt folgendes Bild:

- Global:
  423 Millionen Euro
- Süd- und Südostasien, Pazifik (Asien):
  132 Millionen Euro
- Mittel- und Lateinamerika, Karibik:
  75 Millionen Euro
- Afrika südlich der Sahara (Afrika):
  67 Millionen Euro
- Mittel- und Osteuropa, Zentralasien, Türkei:
  23 Millionen Euro
- MENA (Middle East and North Africa – Nahost und Nordafrika):
  6 Millionen Euro

(vgl. INTERNATIONALE KLIMASCHUTZINITIATIVE o.J.b)

Das Engagement der vielen verschiedenen politischen Ebenen für die Umsetzung der drei Bereiche der Nachhaltigkeit macht eine Lenkung und Koordination notwendig und damit kommt eine vierte Dimension der Nachhaltigkeit ins Spiel – es ist die institutionelle (→ Kap. 6.1).

Ein Einstieg in die nachhaltige Tourismuspolitik der Bundesrepublik Deutschland findet sich in → Kap. 6.

2.4 Vom Versuch, Nachhaltigkeit in Modellen darzustellen

Das Tempelchen als Drei-Säulen-Modell der Nachhaltigkeit hält sich hartnäckig: die Säulen Ökologie, Soziales und Ökonomie tragen den Giebel bzw. das Dach der Nachhaltigkeit. Architektonisch ist dies seit der Antike korrekt und bewährt, doch um Nachhaltigkeit darzustellen schlichtweg falsch, denn es wird damit angedeutet, dass die drei Bereiche der Nachhaltigkeit keine Beziehungen untereinander hätten. Wirkt sich nicht ein Raubbau in einer Landschaft, beispielsweise ein maßloser Verbrauch von Grundwasser in einer trockenen Region auch auf die Lebensverhältnisse der Menschen dort aus? Kann dieser wenig nachhaltige Umgang mit der Ressource Wasser nicht ebenso Folgen für das soziale Leben haben – und letztendlich auch auf die Ökonomie in dieser Region?

Ein erster Versuch, den großen Mangel des Drei-Säulen-Modells zu minimieren, ist das Schnittmengenmodell. In diesem wird zumindest schon einmal ein Überlappen der drei Nachhaltigkeitsdimensionen visualisiert; es gibt offensichtlich grobe Beziehungen zwischen ihnen.

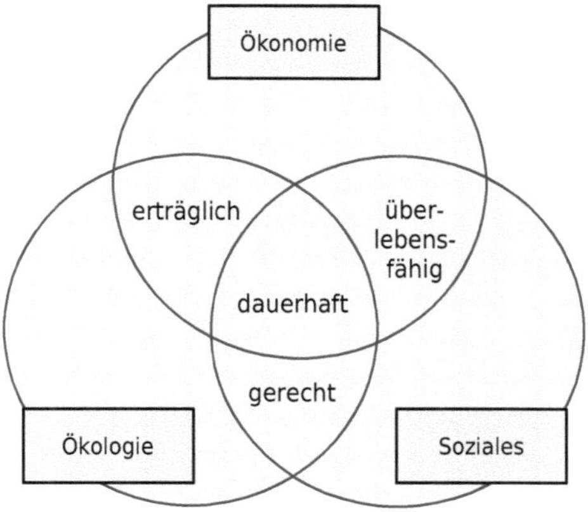

Abb. 4: Schnittmengen- oder Dreiklangmodell | [4]

Box | Ein Beispiel für die enge Verflechtung der drei Nachhaltigkeitsdimensionen: die CO_2-Emissionen

„Der Indikator Kohlendioxid bildet wegen der Einwirkungen auf das globale Klima zunächst eine ökologische Problemstellung ab. Die langfristigen Umweltschäden haben aber auch ökonomische und soziale Auswirkungen, etwa auf das Gesundheitsniveau der heutigen und der nachfolgenden Generationen. Weiterhin kommt es durch die Klimaveränderungen zu einer Zunahme von Unwettern mit wirtschaftlichen Schäden, für deren Verminderung investitions- und produktionsrele-

vante Strukturveränderungen sowie geänderte Konsum- und Verhaltensmuster der Bürger erforderlich sind."
(VON HAUFF 2021, S. 167)

Nachfolgende Modelle werden nun deutlicher, indem sie mit einer den Rahmen bildenden Dreiecksform die Beziehungen von Ökologie, Sozialem und Ökonomie andeuten. Das Nachhaltigkeitsdreieck mit der differenziertesten Darstellung wird als integrierendes Nachhaltigkeitsdreieck bezeichnet.

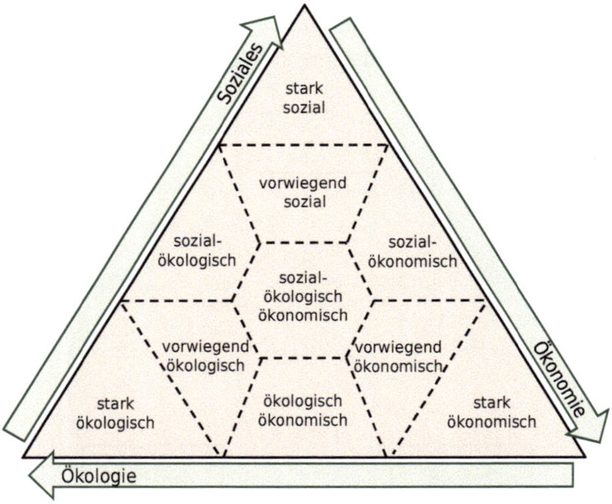

Abb. 5: Integrierendes Nachhaltigkeitsdreieck | [5]

Ausführlich diskutiert es VON HAUFF (2021, S. 174ff.): „Mit der Methode wird das Innere des Dreiecks als Kontinuum der drei Dimensionen vollständig ausfüllt. Es führt die drei Dimensionen zusammen, um der zunehmenden Anforderung nach Integration gerecht zu werden. Dabei soll die Methode die Betrachtung bestimmter ‚Mischungsverhältnisse' ermöglichen, wonach die betrachteten Elemente einer nachhaltigen Entwicklung unterschiedlich stark den drei Dimensionen zugeordnet werden können." (a.a.O., S. 175)

Jede Ecke in diesem Dreieck steht für das Maximum einer Nachhaltigkeitsdimension und die Felder an den Dreiecksseiten deuten die Übergänge von einer Dimension zur anderen an und setzen sie grob in Beziehung zueinander. Wenn auch diese Felder durch Linien abgegrenzt werden, so sind die Übergänge fließend. Unterschiedliche Grade der Zuordnung der drei Dimensionen lassen sich aus verschiedenen Mustern in der Darstellung ableiten (vgl. a.a.O., S. 178ff.).

Es ist an der Zeit, das Drei-Säulen-Modell und alle nachfolgende Versuche, mehr Zusammenhänge und Differenzierungen in eine Dreiecksform zu bringen, in den Baukasten der Antike zu legen. Nachhaltigkeit besteht heute aus vier Dimensionen: Zur ökologischen, sozialen und ökonomischen ist inzwischen die institutionelle Nachhaltigkeit hinzugekommen, die die Aspekte von koordinierter Lenkung durch Vorgaben von Politik und Institutionen einbezieht (mehr in Kapitel 6.1).

➲ Zusammenfassung

Der Gedanke der Nachhaltigkeit bzw. die Erkenntnis, dass ein nachhaltiger Umgang mit der Ressource Holz eine langfristige Grundlage für den Bergbau darstellt, ist mit dem Namen Hans Carl von Carlowitz und seiner 1713 erschienenen „Sylvicultura Oeconomica" verbunden.

In den 1970er Jahren stößt der Club of Rome mit der von ihm in Auftrag gegebenen Publikation „Grenzen des Wachstums" die internationale Diskussion um Nachhaltigkeit an.

Die Vereinten Nationen gründen 1983 die Weltkommission für Umwelt und Entwicklung (WCED). In diesem Zusammenhang rücken neben einem Bewusstsein für die ökonomische Nachhaltigkeit nun auch die ökologische und soziale Nachhaltigkeit allgemein in den Fokus. Diese Ziele finden erstmals auch Eingang in die Politik verschiedener Staaten. Als vierte Dimension der Nachhaltigkeit kommt nun die institutionelle hinzu mit ihren übergeordneten und lenkenden Instanzen.

➲ Reflexionsfragen

1. Welche der 17 SDGs lassen sich jeweils der ökologischen, sozialen, ökonomischen und institutionellen Nachhaltigkeit zuordnen? Finden Sie dabei einige Beispiele, die in mehr als eine Dimension der Nachhaltigkeit gehören! Werden Sie selber kreativ und versuchen Sie, die Zusammenhänge zwischen den 17 SDGs in einem Modell darzustellen!
2. Recherchieren Sie zum Erdüberlastungstag! Wie verteilt sich nach aktuellem Stand der Ressourcenverbrauch auf unterschiedliche Staaten?

Welche mögliche Maßnahmen werden genannt, um den Erdüberlastungstag wieder im Jahr zurückzuschieben?

3. Wie sehen Experten die heutige Lage und die Zukunftsperspektiven ca. 50 Jahre nach dem Erscheinen des Buches „Limits to Growth“, das mittlerweile in 30 Sprachen übersetzt und mehr als 30 Millionen Mal verkauft wurde? Zwei Links zum Einstieg in die Recherchen: 🔗 https://www.deutschlandfunk.de/50-jahre-club-of-rome-die-grenzen-des-wachstums-100.html, 🔗 https://www.deutschlandfunk.de/club-of-rome-die-zukunft-des-planeten-100.html und ein Literaturtipp: DIXSON-DECLÈVE et al. (2022): Earth for All. Der neue Bericht an den Club of Rome, 50 Jahre nach „Die Grenzen des Wachstums“. München: oekonom.
4. Welche Ansätze formuliert der Club of Rome, um die junge Generation in die Gestaltung einer nachhaltigeren Zukunft für diesen Planeten einzubeziehen? Bewerten Sie diese Ansätze! Für welche könnten Sie sich engagieren? 🔗 https://www.clubofrome.org/impact-hubs/youth-young-leadership/
5. Welche Maßnahmen aus der Lokalen Agenda 21 könnten Sie als engagierte Bürgerin oder Bürger Ihrem Gemeinde- oder Stadtrat zur Beratung und Umsetzung empfehlen? Wo sehen Sie in Ihrem Alltag, aus Ihren Erfahrungen Handlungsbedarf?
6. Überlegen Sie sich Fälle bzw. konstruieren Sie Beispiele, bei denen die ökologische, soziale und ökonomische Dimensionen der Nachhaltigkeit gemeinsam relevant sind! Schauen Sie dabei auch über den „deutschen Tellerrand“ und suche Sie Beispiele aus dem Bereich der Entwicklungszusammenarbeit bzw. Entwicklungs- oder Schwellenländern – touristisch gesprochen den Fernreisezielen in den Tropen!

3 Ökologische Nachhaltigkeit und Tourismus

3.1 Die SDGs von größter Relevanz

SDG 13: Weltweit Klimaschutz umsetzen

„Der Klimawandel führt zu Extremwetterereignisse [sic] wie Wirbelstürmen, Dürren und Überschwemmungen. Wenn der Meeresspiegel steigt, Ernten vertrocknen und ganze Landstücke unbewohnbar werden, zieht es die Menschen dorthin, wo es sich besser leben lässt. Deshalb will die Staatengemeinschaft den Klimawandel gemeinsam deutlich begrenzen."

Weitere Informationen:

🔗 https://www.bundesregierung.de/breg-de/themen/nachhaltigkeitspolitik/weltweit-klimaschutz-umsetzen-181812

SDG 14: Leben unter Wasser schützen

„Die Ozeane sind Grundlage des Lebens. Sie sind Nahrungs-, Rohstoff- und Energiequelle und dienen als Verkehrsweg. Doch die Meere sind akut gefährdet. Steigende Wassertemperaturen und die Meeresverschmutzung zeigen das. Deshalb will die Staatengemeinschaft bis 2030 diese Entwicklung stoppen."

Weitere Informationen:

🔗 https://www.bundesregierung.de/breg-de/themen/nachhaltigkeitspolitik/leben-unter-wasser-schuetzen-1522310

SDG 15: Leben an Land

„Intakte Ökosysteme sind die Grundlage für Leben auf der Erde und eine nachhaltige Entwicklung. Sind sie gestört, treibt das viele Menschen in Hunger und Armut, führt zu Umweltkatastrophen und gefährdet unser Klima und eine nachhaltige Entwicklung. Deshalb will die Staatengemeinschaft durch das Nachhaltigkeitsziel 15 Leben an Land wirksam schützen."

Weitere Informationen:
https://www.bundesregierung.de/breg-de/themen/nachhaltigkeitspolitik/leben-an-land-1642288

Für zahlreiche Formen des Tourismus stellen intakte Ökosysteme an Land und in den Gewässern eine wesentliche Grundlage dar. Gleichzeitig schädigt der Tourismus aber auch diese für ihn bedeutenden Ressourcen. Tourismus als Täter und als Opfer sind die beiden Seiten der Medaille.

Schäden an der Biodiversität, der Artenvielfalt, sind ein globales Problem, zu dem auch der Tourismus beiträgt – vor allem durch Planungen und Ausbau der touristischen Infrastruktur sowie dem Verhalten der Menschen in den Destinationen.

Kurzgefasst wird unter Biodiversität Artenvielfalt verstanden. In der ausführlicheren Definition der Vereinten Nationen bezeichnet man mit Biodiversität „die Variabilität unter lebenden Organismen jeglicher Herkunft, darunter u.a. Land-, Meeres- und sonstige aquatische Ökosysteme und die ökologischen Komplexe, zu denen sie gehören; dies umfasst die Vielfalt innerhalb der Arten und zwischen den Arten und die Vielfalt der Ökosysteme“ (UNITED NATIONS 1992, zit. in: REIN/STRASDAS 2017, S. 100).

Box | Warum Biodiversität von immenser Bedeutung ist

„Die Biodiversität ist ein ganz besonderes Gut unseres Planeten und für Menschen unverzichtbar. Natürliche Lebensräume und Arten versorgen uns mit Nahrung und Trinkwasser, liefern Fasern für Kleidung und Grundstoffe für Arzneien, bieten Schutz vor Stürmen und Überschwemmungen und regulieren das Klima. Ohne die Biodiversität und die Leistungen der Ökosysteme, die wir Menschen vielfältig nutzen, wären die Existenzgrundlage, die Gesundheit und das Wohlergehen aller Völker und Gesellschaften in Gefahr.
Als Hauptbedrohungen für den Schwund gelten:

- Verlust, Fragmentierung und Schädigung von Lebensräumen, besonders durch die Umwandlung für die Landwirtschaft,
- Übernutzung von Tier- und Pflanzenarten und bestandsgefährdende Praktiken, vor allem in der Jagd und Fischerei,
- Verschmutzung von Böden, Binnengewässern, Meeren und Küsten, besonders die Versauerung der Meere,

- Ausbreitung invasiver Arten und Gene,
- Auswirkungen des Klimawandels,
- Subventionen und wirtschaftliche Anreize, die der biologischen Vielfalt schaden."

(WWF o.J.b)

Um die lebensnotwendige Artenvielfalt zu erhalten, wurden eine Reihe von internationalen Abkommen zum Schutz der Biodiversität verabschiedet, wie beispielsweise 1971 die Ramsar Konvention (Schutz von Lebensräumen in Feuchtgebieten), 1972 die Welterbekonvention der UNESCO zum Schutz des Weltnaturerbes, 1973 das Washingtoner Artenschutzabkommen (siehe unten), 1979 die Bonner Konvention zum Schutz von wandernden und dabei nationale Grenzen überschreitenden oder überfliegenden Tierarten und 1992 schließlich die Biodiversitäts-Konvention.

Besonders relevant für den Tourismus ist das Washingtoner Artenschutzabkommen, denn es betrifft auch die Reisemitbringsel. Souvenirs, die dieses Abkommen missachten, können bei der Ankunft auf dem Heimatflughafen und beim dortigen Zoll große Probleme verursachen (WWF o.J.a).

Box | Das Washingtoner Artenschutzabkommen

„Das Übereinkommen über den internationalen Handel mit gefährdeten frei lebenden Tieren und Pflanzen (Convention on International Trade in Endangered Species of Wild Fauna and Flora – CITES), im Deutschen als das Washingtoner Artenschutzübereinkommen (WA) bezeichnet, wurde bereits 1973 angesichts des dramatischen Rückgangs vieler Arten durch Wilderei und Handel geschlossen. ... Inzwischen gehören dem Übereinkommen weltweit 184 Vertragsparteien an, also knapp 95 Prozent aller Staaten der Welt. Es umfasst derzeit etwa 5950 Tier- und 32.800 Pflanzenarten."
(BUNDESMINISTERIUM FÜR UMWELT, NATURSCHUTZ; NUKLEARE SICHERHEIT UND VERBRAUCHERSCHUTZ o.J.c)

Verschiedene Schutzgebietskategorien vom einzelnen Naturdenkmal, Natur- und Landschaftsschutzgebiet, Biotop oder Geotop über Nationalparks bis hin zum Biosphärenreservat und UNESCO Weltnaturerbe sind andere Instrumente, um Naturlandschaften zu schützen. Dies schließt jedoch eine nachhaltige touristische Nutzung nicht aus. In vielen Fällen ist mit den jeweiligen Gebieten auch ein Bildungsauftrag verbunden, wobei die Natur als konkrete Anschauung genutzt werden soll. Freizeitgestaltung, Tourismus und Erholung müssen mit dem Schutz der Natur und der Biodiversität in Einklang gebracht werden, dies sieht das jeweilige Besuchermanagement vor.

3.2 Tourismus schädigt Ökosysteme

Eine weitgehend intakte Natur stellt mehr als attraktive Kulissen für den Tourismus dar. Sogenannte Ökosystemleistungen – auch als Ökosystemdienstleistungen bezeichnet – liefern dem Menschen mehr als einen fotogenen Hintergrund für seine Selfies und Urlaubsvideos.

„Durch ihre biologische Vielfalt können die weltweiten Ökosysteme Leistungen bereitstellen, die die Basis für menschliche Entwicklung und zukunftsfähigen Wohlstand bilden: Artenreiche Ökosysteme liefern wichtige Rohstoffe, sorgen für fruchtbare Böden, sauberes Trinkwasser und saubere Luft. Sie helfen bei der Bindung von Treibhausgasen sowie bei der Anpassung an die Folgen des Klimawandels. Die Biodiversität inspiriert Menschen zu Innovationen in Architektur, Medizin und Technik. Außerdem bietet sie Raum für Erholung und künstlerische Anreize und hat in vielen Religionen eine spirituelle Bedeutung“ (BUNDESMINISTERIUM FÜR WIRTSCHAFTLICHE ZUSAMMENARBEIT UND ENTWICKLUNG o.J.a).

Unzählige Gelegenheiten, die Natur, die Ökosysteme zu Lande und in Gewässern zu schädigen, nutzt der Mensch aus wirtschaftlichen Interessen jeglicher Art; die Tourismusbranche gehört ebenfalls dazu. Einige Beispiele, die fern von ökologischer Nachhaltigkeit einzuordnen wären, sollen im Folgenden kurz skizziert werden.

Tourismus als „Landschaftsfresser“, egal ob es sich um legal ausgewiesene Baugebiete handelt oder um Neubauten in Naturschutzgebieten, der Flächenverbrauch und damit die Versiegelung – das Zubetonieren der Böden mit Gebäuden und Asphaltieren neuer Zufahrtsstraßen – attraktiver Lagen gehören zum Wachstum von Destinationen. „Zwischen 1987 und 2005 ist die bebaute Fläche an Spaniens Küste um 40 % angestiegen, an der spanischen Mittelmeerküste sogar um bis zu 60 %. Insgesamt war bereits 2005 ein Drittel der spanischen Mittelmeerküste in Strandnähe zugebaut. Zahlreiche Feuchtgebiete gingen dadurch verloren, während große Flächen entstanden, die künstlich bewässert werden müssen" (KIRSTGES 2020, S. 59). Der starke Verlust an Vegetation und die Versiegelung der Landschaft führen bei Niederschlägen zu einer stärkeren Erosion, weil die Böden weniger bis kaum Regenwasser aufnehmen können. Berücksichtigt man das Ansteigen von Extremwetterlagen durch den Klimawandel, können selbst kurze starke Niederschläge zu starker Erosion, Hangrutschungen und Überschwemmungen führen.

Aber auch Gewässer und allem voran marine Ökosysteme können unter Tourismus leiden, man denke nur an die stark frequentierten und strapazierten Küstenregionen des Mittelmeers. Zu den verschiedenen Problemen gehören vielerorts die Abwässer der Küstenorte und eine nicht für die sommerliche Spitzenbelastung ausgerichtete Infrastruktur. Die Verschmutzung der Küsten – und damit bereits der Strände und Badebereiche – ist eine Folge. Doch auch Müll aus dem Hinterland, der direkt in die Flüsse geworfen oder an ihren Ufern entsorgt wird, wird bei entsprechenden Niederschlägen ins Meer transportiert.

Hierin liegt auch eine „Quelle" des Plastikmülls, der inzwischen sogar fernab von Siedlungen und Destinationen weltweit ein großes Problem für die Ozeane darstellt. Eine vom WWF dem Alfred-Wegener-Institut Helmholtz-Zentrum für Polar- und Meeresforschung in Auftrag gegebene und 2022 veröffentlichte Studie „offenbart eine ernste und sich rasch verschärfende Situation, die sofortiges und konzertiertes internationales Handeln erfordert:

- Heute ist fast jede Art im Meer mit Plastikverschmutzung konfrontiert, wobei Forschende bei fast 90 % der untersuchten Arten negative Auswirkungen beobachten.
- Die Plastikverschmutzung ist nicht nur in die marine Nahrungskette eingedrungen, sondern beeinträchtigt auch ernsthaft die Produktivität einiger der wichtigsten marinen Ökosysteme wie Korallenriffe und Mangroven.
- Mehrere Regionen – darunter das Mittelmeer, das Ostchinesische und das Gelbe Meer – haben bereits kritische Verschmutzungs-Schwellenwerte überschritten, bei denen erhebliche ökologische Risiken auftreten.

Aufgrund der wachsenden Plastikproduktion wird erwartet, dass in den kommenden Jahren weitere Regionen hinzukommen werden.

- Selbst wenn die Plastikverschmutzung heute gestoppt werden würde, würde sich die Menge an Mikroplastik in den Meeren innerhalb der nächsten 30 Jahren mehr als verdoppeln – einige Szenarien gehen von einem 50-fachen Anstieg bis 2100 aus."

(WWF 2022)

Als ein Beispiel von marinen Ökosystemen, das auch direkt unter dem Einfluss touristischer Aktivitäten leidet, seien die Korallenriffe genannt. Vom Ankern der Boote in den Riffen über Schäden durch die Tauchgänge, insbesondere wenn durch Unachtsamkeit oder Vorsatz Korallenstöcke beschädigt, Teile abgebrochen werden bis hin zu Veränderungen in der Chemie des Wassers durch Sonnenschutzmittel der Tauchenden ist die Kette möglicher Schädigungen dieser sensiblen Ökosysteme lang – schließlich kommen die Folgen des Plastikmülls, insbesondere des Mikroplastiks noch hinzu. Die Korallenbleiche und der Artenverlust durch das Absterben der das System tragenden Korallen sind weithin zu beobachten.

Während die Gefährdung von Korallenriffen in Küstennähe von Festlandsbereichen oder Inseln stattfindet, sorgen die Kreuzfahrtschiffe noch legal für das Eintragen von Grau- und Schwarzwasser in die Meere – so das MARPOL-Übereinkommen: „Anhang IV Verhütung der Verschmutzung durch Abwässer von Schiffen (in Kraft getreten am 27. September 2003) enthält Anforderungen zur Kontrolle der Verschmutzung des Meeres durch Abwässer; das Einleiten von Abwasser ins Meer verboten ist, es sei denn, das Schiff hat eine zugelassene Kläranlage in Betrieb oder das Schiff leitet zerkleinerte und desinfizierte Abwässer mit einem zugelassenen System in einer Entfernung von mehr als drei Seemeilen vom nächsten Land ein. Abwasser, das nicht zerkleinert oder desinfiziert wird, muss in einer Entfernung von mehr als 12 Seemeilen vom nächsten Land eingeleitet werden." (INTERNATIONAL MARITIME ORGANIZATION o.J.)

In diesem Anhang der MARPOL-Konvention wird die Entsorgung von sogenanntem Grauwasser aus Küchen, Duschen, Wäschereien sowie diejenige von Schwarzwasser aus den Toiletten grob geregelt bzw. unter den vorgegebenen Entfernungen ungeklärt ins Meer eingeleitet werden dürfen. Da sich in diesen beiden Abwasserkategorien auch organische Substanzen befinden, können diese marine Ökosysteme negativ beeinflussen.

Beim Umgang mit Trinkwasser an Land gehen diverse Belastungen auch auf das Konto des Tourismus vor allem in Destinationen, die in niederschlagsarmen Regionen liegen. Die Tatbestände sind hinreichend bekannt: Touristen verbrauchen in der Regel mehr Wasser als Einheimische – nicht unbedingt, weil sie wesentlich länger oder häufiger unter der Dusche stehen mögen, sondern weil sie für ihr Urlaubsvergnügen Swimmingpools brauchen oder als Hobby-Golfer ein frisches Green dank künstlich bewässerter Golfplätze. „Jeder Golfplatz benötigt in trockenen Regionen pro Tag so viel Wasser wie ein Ort mit mehreren Tausend Einwohnern. So verbraucht ein Gast – auf den durchschnittlichen Pro-Kopf-Verbrauch umgerechnet – auf Mallorca mit ca. 280 Litern pro Tag doppelt so viel Wasser wie ein Einheimischer“ (KIRSTGES 2020, S. 69). Eventuelle Wassersparmaßnahmen bei Engpässen werden oftmals der einheimischen Bevölkerung auferlegt, denn Touristen den Wasserverbrauch einzuschränken, erscheint dann noch zu sehr geschäftsschädigend und negativ fürs Image der Destination.

Aber nicht nur die Menschen leiden in warmen trockenen Klimaregionen unter dem begrenzt zur Verfügung stehenden Trinkwasser im Normalfall aus dem Grundwasser. Wird das Grundwasser über die Maßen angezapft, wird die Natur darunter leiden vom Austrocknen einzelner Habitate und Biotope bis hin zu gravierenden Schäden für ganze Ökosysteme. Regelmäßig wiederkehrende Zeichen einer vertrocknenden bis bereits vertrockneten Natur sind ausgedehnte Waldbrände, die sich nicht nur auf hochsommerliche Hitze- und Dürreperioden beschränken.

3.3 Ansätze für ökologische Nachhaltigkeit bei der Nutzung von Flächen und Gebäuden

Aus der aktuellen allgemeinen Stadtplanung und Stadtentwicklung lässt sich zur ökologischen Nachhaltigkeit insbesondere zur Reduzierung der Bodenversiegelung das Prinzip der Nachverdichtung übernehmen. Dieses Konzept sieht vor, in einem bereits bestehenden Siedlungsgebiet – Baugebiet einer Destination – nachträglich brach liegende Flächen für Erweiterungen bestehender Gebäude oder Neubauten in den Baulücken vorzusehen; aber auch die Möglichkeit von Aufstockungen oder Umnutzung anderer Gebäude nun für touristische Nutzungen wären Überlegungen wert.

Als ein Beispiel aus der Tourismuspraxis kann der Nachhaltigkeitskompass der Hotellerie Suisse dienen, in dem der hohe Stellenwert der Landschaft und die mit den geographischen Situationen verbunden Herausforderungen folgendermaßen skizziert wird: „Der nachhaltige Umgang mit Boden, Landschaften und Biodiversität nimmt an Bedeutung stetig zu. Durch die Kleinräumigkeit der Schweiz droht zunehmend eine Verschärfung der Nutzungskonflikte einerseits sowie zwischen Schutz- und Nutzungsaspekten andererseits. Im Spannungsfeld der Raumplanung ist die Hotellerie sowohl direkt als auch indirekt betroffen. Zentrale Pfeiler des Schweizer Tourismus sind intakte Natur und Landschaften, die angemessen geschützt werden müssen. Gleichzeitig sollen sinnvolle Raumnutzungen und Inszenierungen von Landschaften weiterhin ermöglicht werden, um die Erlebbarkeit und Attraktivität des Tourismusstandorts Schweiz sicherzustellen“ (Nachhaltigkeitskompass o. J., S. 9).

Als Maßnahmen in diesem Zusammenhang unterstützt die Schweizer Beherbergungsbranche eine Optimierung der Raumplanung durch Nachverdichtungen („Siedlungsentwicklungen nach innen, verdichteten Bauens und Erhöhungen der Nutzungspotenziale bestehender Objekte“) sowie eine moderate Ausdehnung des Flächenverbrauchs außerhalb der Bauzone („besonders für strukturrelevante Tourismusprojekte und die Inwertsetzung regionaler Kulturbauten“, a.a.O., S. 10). Für die Planung und Realisierung müssten gegebenenfalls die Spielräume in der Politik und Verwaltung vergrößert werden, neue entsprechende Regelungen in der Raum- und Stadtplanung verabschiedet werden.

Ein anderes Problem in diesem Kontext – und das keinesfalls nur für die Schweiz – sind die Zweitwohnsitze in den Destinationen, sei es in den Ortschaften selber oder an attraktiven Standorten inmitten der Landschaft, wo sie zur nicht minder unerwünschten Zersiedelung der Landschaft beitragen. Solche privaten Feriendomizile werden in der Regel nur wenige Wochen im Jahr genutzt, das Gros der Zeit stehen sie leer und vermitteln mit heruntergelassenen Rollläden den Charakter eines ausgestorbenen Ortes, einer Siedlung mit „kalten“ Betten.

Abb. 6: Bettmeralp im Wallis – eine Juli-Ansicht, die hier „kalte" Betten erahnen lässt, da die Hauptsaison der Winter ist. | [6]

„Die Beherbergungsbranche unterstützt eine Vereinfachung und eine stärkere marktwirtschaftliche Ausrichtung des Zweitwohnungsgesetzes, indem bestehende Objekte besser umgenutzt werden. Damit können Ortsbilder erhalten und die Zersiedelung gebremst werden." (a.a.O., S. 11)

Eine intensive Nutzung von privaten Ferienapartments und ein noch ungewöhnliches Konzept gehören zur Philosophie des rocksresorts mit 206 Appartements in Laax/Graubünden. Auf dem Gelände des riesigen Parkplatzes an der Talstation der Crap-Sogn-Gion-Bahn wurde ab 2007 das Ensemble errichtet, das durch seine Architektur zunächst als ein Fremdkörper in der Landschaft erscheinen mag. Doch das Baumaterial, der Valser Quarzit, hatte eine niedrige CO_2-Bilanz auf seinem Weg zur Baustelle, denn es stammt aus der Region – ebenso die Inspiration der durcheinander gewürfelt erscheinenden Anordnung der Kuben. Sie greifen den Flimser Bergsturz auf, der vor ca. 10.000 Jahren dem Gebiet der heutigen Destination Flims Laax Falera seinen Stempel aufdrückte.

Abb. 7: Das rocksresort in Laax bietet nicht nur Architektur aus heimischen Baumaterialien, sondern auch Nachhaltigkeit in der Nutzung der Ferienapartments, d.h. eine ganzjährige Auslastung. | [7]

Eine nachhaltige Nutzung dieser Feriendomizile, die den üblichen Leerstand im Laufe eines Jahres bei privaten Zweitwohnungen optimal verhindert, wird bereits im Kaufvertrag des Appartements als „Eigenbelegung" festgelegt:

- „Die Eigentümer können ihr Appartement bis zu 35 Wochen im Jahr selbst nutzen. Während der Hauptsaison ist die Eigenbelegung auf 3 Wochen beschränkt.
- Die Hauptsaison liegt in der Regel zwischen Mitte Dezember und anfangs April." (...)
- „Während der Eigenbelegung der Wohnung partizipiert der/die Eigentümer/in nicht an der Verteilung der Mieteinnahmen.
- Für den Zeitraum der Eigenbelegung fallen für Eigentümer Kosten für folgende Leistungen an: Endreinigung der Wohnung sowie Bett- und Frotteewäsche.
- Die Weitervermietung ist auf Lebenszeit und kann nicht aufgehoben werden."

(ROCKSRESORT o.J.).

Zusätzlich stehen für die Zeiten der Eigenbelegungen je nach Größe des Appartements kostenlos 1 oder 2 Parkplätze in der Tiefgarage unter dem rocksresort zu sowie der kostenlose Zutritt zum Wellnessbereich des angrenzenden Signinahotels. Weitere Vorteile können sich durch eine zusätzliche rocksresort-Mitgliedschaft ergeben.

Als Kontrast zu modernem nachhaltigen Bauen und innovativen Konzepten wie am Beispiel von Laax bietet der Tourismus auch den Erhalt und die Neunutzung historischer Bausubstanz vor allem in abgelegenen ländlichen Regionen durch die Alberghi diffusi oder auch Scattered Hospitality/ Scattered Residences. Die Idee dieser Alberghi diffusi (Singular: Albergo diffuso) – „verstreuten Herbergen/Hotels" – entstand in Italien in den späten 1970er und frühen 1980er Jahren; Ausgangspunkt war das Erdbeben 1976 in Karnien im Nordosten Italiens und die Notwendigkeit, unbewohnte Häuser und Dörfer für touristische Zwecke zu nutzen und zu Wohnzwecken zu renovieren (vgl. ALBERGHI DIFFUSI o.J.a).

„Im Allgemeinen handelt es sich bei den Gebäuden, aus denen das Albergo Diffuso besteht, um wertvolle alte Gebäude, die renoviert und mit allem Komfort ausgestattet wurden. Nichts Neues und daher sind die Auswirkungen auf die Umwelt gering.

Es ist ein Zeichen für einen neuen und nachhaltigen Tourismus. Kleinstädte verbinden die Erhaltung und Aufwertung bestehender Einrichtungen mit der touristischen Nutzung derselben Orte, insbesondere historischer Zentren.

Dörfer, die von der Aufgabe bedroht sind, erhalten ein neues Leben und können von großem historischem und ökologischem Interesse sein, was den meisten Menschen unbekannt ist. Sie erneuern Gebäude mit vollem Respekt vor der Natur und der historischen Identität" (VISIT ITALY o.J.).

Bei einem Albergo Diffuso (auch mit „Streuhotel" oder „horizontalem Hotel" übersetzt) wird ein zentral gelegenes historisches Gebäude in einem alten Stadt- oder Dorfkern zur Rezeption und Verwaltung umfunktioniert; eventuell werden auch noch das Restaurant und andere Gemeinschaftsräume darin eingerichtet. Die Hotelzimmer verteilen sich auf weitere Häuser im Dorf oder im Kern eines alten Städtchens. Grundsätzlich wird die historische Bausubstanz weitergenutzt und bewahrt, d.h. nur soweit renoviert und technisch ausgestattet mit Strom und Wasser, dass sie modernen Ansprüchen genügen. Der Charakter der typischen lokalen Bautraditionen und somit ein wichtiger Faktor der Authentizität einer Region bleiben erhalten.

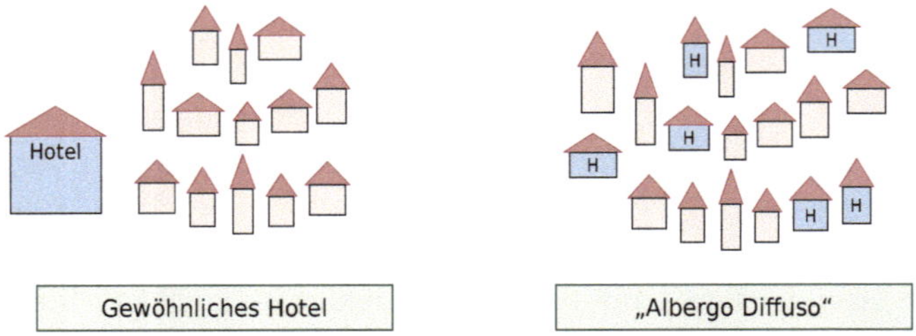

Abb. 8: Albergo diffuso | [8]

Aspekte der Nachhaltigkeit können in allen drei Dimensionen beim Konzept der Alberghi Diffusi (AD) umgesetzt gelebt werden. „The scattered hotel is also a model of touristic development for the territory. A network model, combining different local activities as well as houses, offering services, partly creating them and partly organizing and rearranging the existing ones. The demand AD addresses – to live a local experience – fosters the organization of local offers, thus leading to the relaunch and rediscovery of food, old recipes, traditions, daily objects, handicrafts, local events and initiatives...together with historic, cultural and environmental resources. An AD has several positive returns for a hamlet." (ALBERGHI DIFFUSI o.J.c, S. 7f.)

Seit dem Jahr 2009 breiten sich die Philosophie der Alberghi Diffusi und ihre Umsetzung in anderen europäischen Ländern und darüber hinaus aus – bis hin zu den USA, Japan und Tasmanien. „The continuous diffusion of ‚albergo diffuso' is due to the growing concern about sustainability and respect for the environment in the travel industry" (ALBERGHI DIFFUSI o.J.b).

Webtipp | Das Beispiel Corippo im Tessin

🔗 https://corippoalbergodiffuso.ch/de/

3.4 Der Klimafußabdruck betrifft nicht nur die An- und Abreise

Flugreisen und Fahrten mit dem PKW in den Urlaub und retour werden stets genannt, wenn es um durch den Tourismus verursachte klimaschädliche CO_2-Emissionen geht. Doch auch in den Destinationen hinterlassen Touristinnen und Touristen ihren Klimafußabdruck – teils wie die einheimische Bevölkerung, aber im Urlaub auch noch darüber hinaus. Dazu gehören die Wahl der Beherbergung und Verpflegung sowie die Aktivitäten und Mobilität vor Ort.

Über die möglichen Beiträge dieser einzelnen Faktoren zu den CO_2-Emissionen gibt eine Publikation des WWF von 2009 Auskunft.

Webtipp | Der touristische Klimafußabdruck des WWF

🔗 https://www.wwf.at/wp-content/cms_documents/der_touristische_klima-fussabdruck.pdf

Wenn auch die darin erhobenen Daten nun nicht mehr aktuell sind, so vermitteln sie doch einen Eindruck vom touristischen Klimafußabdruck ca. eines Drittels der Deutschen und den unterschiedlichen, von ihnen praktizierten Urlaubsformen in den Jahren 2008/2009 sowie ihren Einstellungen zu künftigem Reiseverhalten in Bezug auf Klimawandel und Nachhaltigkeit.

Kaum verändert sind die in die Betrachtungen einbezogenen Aspekte, die ihre Relevanz behalten haben und an denen Potenziale zu mehr praktizierter Nachhaltigkeit im Urlaubsort zu finden sind. Folgende Faktoren des Reiseverhaltens in den unterschiedlichen Destinationen sowie dem Urlaub in „Balkonien" flossen in die Berechnungen des jeweiligen Klimafußabdrucks ein:

- „An- und Abreise (Entfernung, gewählte Verkehrsmittel, Zahl der Reisenden),
- Unterkunft (Art der Beherbergung, Reisezeitpunkt, Reisedauer),
- Verpflegung (Anzahl der warmen Mahlzeiten, gehobene oder normale Gastronomie),
- Aktivitäten (Entfernung, gewählte Verkehrsmittel, Zahl der Ausflüge)."

(WWF 2009, S. 9)

Welche Chancen zu mehr Nachhaltigkeit bestehen aus der Perspektive der Reisenden? Wenn auch ihre Entscheidungen von Sachzwängen, wie beispielsweise der Abhängigkeit von den Schulferien oder betriebsinternen Vorgängen, beeinflusst bis bestimmt werden können, und emotionale Aspekte durch ein erfolgreiches Marketing der Destination oder die eigenen Reisegewohnheiten als Individuum oder Familienmitglied eine wichtige

Rolle spielen mögen, so sei im Folgenden von einer weitgehenden Entscheidungsfreiheit ausgegangen.

Wie weit muss die Reise gehen, um Abstand vom Alltag zu gewinnen, sich zu erholen und die gewünschten Ferienerlebnisse zu bekommen? Welche Entfernungen in Kilometern bieten dafür die nötige Distanz? Ist für einen Badeurlaub am Meer ein „Tropenparadies" im Pazifik oder Indischen Ozean notwendig, oder soll es wie jedes Jahr an den Lieblingsstrand am Mittelmeer gehen oder wären angesichts großer Sommerhitze Ferien an der Nord- oder Ostsee eine Alternative? Die Antwort auf diese Frage würde sich auf die Wahl des Verkehrsmittels und den damit verbundenen Klimafußabdruck niederschlagen.

Box | Klimafreundliches Reisen

„Das atmosfair Smart Travel Tool (STT) ermöglicht es Reisenden, die klimafreundlichste Verbindung zwischen zwei Orten zu finden, indem es tagesaktuelle Daten verschiedener Verkehrsmittel wie Zug, Nachtzug, Auto, Flugzeug und Fernbus analysiert. Mit der Möglichkeit, Anreiseoptionen nach CO_2-Fußabdruck, Kosten und Reisezeit zu optimieren, lässt das STT seine Anwender selbst bestimmen, welche Prioritäten sie setzen möchten und hilft gleichzeitig dabei, den CO_2-Ausstoß erheblich zu reduzieren."
(ATMOSFAIR o.J.)

Mit Hilfe eines Emissionsrechners gibt es die Möglichkeit, den CO_2-Ausstoß seiner Flüge zu errechnen und durch einen entsprechenden Betrag zu kompensieren, der dann beispielweise zur Förderung von Klimaschutzprojekten in Entwicklungsländern eingesetzt wird.
🔗 https://www.atmosfair.de/de/kompensieren/flug/

Die Wahl der Ferienunterkunft ließe sich nicht nur nach dem Reisebudget bestimmen, sondern auch nach dem ökologischen Fußabdruck. Das Angebot reicht von der Luxushotellerie über ein 4 oder 3 Sterne-Hotel bis hin zur Privatunterkunft – der klassischen Pension bis zum Airbnb-Quartier – und Gruppenunterkunft, wie Jugendherbergen oder Berghütten weiter zum breiten Spektrum der Parahotellerie.

Standardisierte Hotelkategorien legen fest, welche Ausstattung und Service die Gäste erwarten dürfen (vgl. HOTELKLASSIFIZIERUNG o.J.b).

Hierbei steigt der Verbrauch an Ressourcen wie Wasser und Strom durch die Größe der Räume, ihre technische Ausstattung sowie die Menge der Textilien, vor allem diejenigen für den Gebrauch im Badezimmer. Nicht zu vergessen beim Ressourcenverbrauch wären der Restaurantbereich, die öffentlichen Räumlichkeiten im Gebäude und in der gehobenen Hotellerie kaum zu überschätzen der Spabereich.

Ein nachhaltiges Konsumentenverhalten würde im Zusammenhang mit der Wahl des Urlaubsquartiers bedeuten, sich für die „schönsten Tage im Jahr" nicht den größten Luxus zu gönnen, sondern sich nach dem sogenannten Suffizienzansatz etwas einzuschränken – und einen kleineren ökologischen Fußabdruck zu hinterlassen, der das Urlaubsglück nicht ernsthaft schmälert. Den eigenen Ressourcenverbrauch im Umfeld der Destination zu sehen, kann da ausgleichend wirken und ein Gefühl von verantwortungsbewusstem Handeln geben!

Wie bei der Quartiersfrage für den Urlaub kann der Suffizienzansatz auch rund um die Verpflegung zum Tragen kommen. Als gegensätzliche Positionen steht dabei die Sternegastronomie der regionalen und saisonalen Küche gegenüber und als ein weiterer kritischer Punkt in Sachen Nachhaltigkeit die Verpflegung vom Buffet bei einem All-inclusive Pauschalurlaub. Die Sternegastronomie kommt nicht ohne Delikatessen aus, die notfalls Tausende von Kilometern rund um den Globus transportiert werden müssen. Dazu ist oftmals nicht nur der Energieverbrauch für die Fortbewegung der Güter relevant, sondern bei verderblichen Lebensmitteln auch noch derjenige für eine durchgehende Kühlkette. Die Verpflegung bei einem All-inklusive Urlaub erfolgt zu einem großen Teil durch Selbstbedienung am Buffet. Kritische Blicke auf das Verhalten der Gäste einerseits und des Personals andererseits zeigen, dass hierbei viel Lebensmittelverschwendung stattfindet – sei es, dass Gäste oftmals den Teller üppiger füllen, als sie schließlich essen möchten oder können und andererseits das Servicepersonal angewiesen ist, auch gegen Ende der Essenszeiten auf dem Buffet noch nachzulegen.

Box | Welche Folgen hat die Lebensmittelverschwendung?

„Wir vergeuden Ressourcen. Für ein Kilo Äpfel zum Beispiel sind mehr als 800 Liter Wasser nötig, dazu Dünger, Energie und wertvolle Ackerflächen. Und nicht zuletzt haben viele Menschen dafür gearbeitet. Wir belasten die Umwelt. Schätzungsweise 30 Prozent der weltweiten Treibhausgase hängen mit unserer Ernährung zusammen. Durch die unnötige Erzeugung und den Transport von Lebensmitteln fügen wir der Umwelt Schaden zu."
Beispiele:

- „1 kg RÖSTKAFFEE, 18.900 l Wasser, 470 g CO_2-Äqivalente
- 1 kg TOMATEN, 214 l Wasser, 770 g CO_2-Äquivalente
- 1 kg RINDFLEISCH, 15.420 l Wasser, 12.290 g CO_2-Äquivalente"

(BUNDESMINISTERIUM FÜR ERNÄHRUNG UND LANDWIRTSCHAFT 2022)

Eine Erkenntnis, die das Bundesministerium für Ernährung und Landwirtschaft in diesem Zusammenhang weitergibt: „Untersuchungen haben gezeigt: Bei Veranstaltungen und in Restaurants fallen deutlich weniger Abfälle an, wenn auf ein Buffet verzichtet und à la carte bestellt wird."

Die Devise „regional und saisonal" haben zahllose Gastronomiebetriebe bereits zu ihrer Philosophie erklärt – mehr aus der Perspektive der Anbieter in → Kap. 8.3. Da sie auch für die Gäste zur Maxime ihres Handels werden könnte, sollen im Folgenden die entsprechenden Aspekte der Nachhaltigkeit als Vorzüge bzw. Entscheidungshilfe skizziert werden. Lebensmittel aus der Region/Destination bedeuten kürzere Transportwege und somit niedrigere Emissionen (ökologische Nachhaltigkeit). Die Einnahmen aus der Produktion von Lebensmitteln bleiben weitgehend in der Region (ökonomische und soziale Nachhaltigkeit). Mit der Saisonalität der verwendeten Lebensmittel wird eine höhere Qualität erreicht, da die Pflanzen erntefrisch in die Küchen kommen und nicht erst im halbreifen Zustand Hunderte oder gar Tausende Kilometer transportiert werden. In der Gastronomie ist als Trend „eine Region zu schmecken" durchaus schon angekommen. Landestypische Produkte und ihre traditionellen Rezepte, aber auch Neuinterpretationen von kreativen Köchinnen und Köchen ermöglichen es, neue und attraktive kulinarische Erlebnisse zu schaffen. Selbst Grundnahrungsmittel wie die

Kartoffeln lassen sich so zum regionaltypischen Angebot einer Destination machen, wie es bereits seit Jahrzehnten die Odenwälder Kartoffelwochen im September zeigen: „Unsere regionalen Gastronomiebetriebe laden Sie zu einer kulinarischen Reise rund um die Odenwälder Kartoffelvielfalt ein – von raffinierten Neukreationen bis hin zu herzhaften Klassikern aus Omas Küche. ... Die Liebe zur Region und die Verwendung regionaler Produkte stehen dabei im Mittelpunkt. Alle teilnehmenden Gastronomiebetriebe verwenden ausschließlich Kartoffeln aus der Region. In jedem teilnehmenden Restaurant erwarten Sie drei besondere Gerichte, bei denen die Odenwälder Kartoffel im Mittelpunkt steht“ (BERGSTRASSE-ODENWALD o.J.).

Beim Klimafußabdruck in der Destination spielen für die Ökobilanz der Touristinnen und Touristen auch noch ihr Mobilitätsverhalten und ihre Aktivitäten im Urlaub eine Rolle. Muss es ein Rundflug über die Umgebung sein? Muss man mit Schnellbooten, Jetski oder anderen Fortbewegungsmitteln übers Meer oder den See jagen? Oder könnte nach dem Suffizienzansatz nicht auch die Entdeckung der Langsamkeit durch Fortbewegung zu Fuß, mit dem Fahrrad oder eigener Muskelkraft beim Wasserwandern zu unvergesslichen Urlaubserlebnissen führen – und nebenbei zu einem geringeren ökologischen Fußabdruck? Nachhaltige Mobilität wird ausführlicher in → Kap. 6.3 behandelt.

3.5 Naturtourismus – nicht per se nachhaltig

Dass es sich beim Naturtourismus um eine grundsätzlich nachhaltige Form des Tourismus handeln muss, dass dabei ökologische Nachhaltigkeit das Handeln bestimmt, ist eine Fehleinschätzung. Wenn auch viele Aktivitäten im Zusammenhang mit dem Naturtourismus von einer intakten Natur als Rahmen oder „Kulisse“ für den Urlaub ausgehen, so deutet der Aspekt der Natur als „Arena“ für Sport unter freiem Himmel schon an, dass ein schonender Umgang mit der Landschaft, ihrer Flora und Fauna nicht unbedingt die oberste Priorität haben muss.

Das deutlichste Beispiel hierfür ist der Skitourismus – genauer derjenige rund um den alpinen „Skizirkus“ mit seinem Landschaftsverbrauch besonders in sensiblen Zonen des Hochgebirges, den sogenannten Skischaukeln als Verbindungen zwischen den Tälern und ihren Skigebieten über die Höhen, dem Energie- und Wasserverbrauch, der täglichen Pistenpflege und an den Talstationen der Seilbahnen eine umfangreiche Versiegelung der Landschaft durch Parkplätze.

Abb. 9: Ein Beispiel für eine großflächige Versiegelung von Böden in Engelberg an der Talstation zum Skigebiet am Titlis (3.030 m NN), in dem noch für 8 Monate Skibetrieb gewährleistet werden kann. | [9]

Box | Entscheidend: Schneesicherheit

Schneesicherheit in ausreichender Menge und zum richtigen Zeitpunkt, d.h. den Spitzenzeiten der Nachfrage beispielsweise in den Weihnachtsferien, ist eine wesentliche Voraussetzung für die Winterdestinationen im Gebirge sowie die Bergbahn- und Liftbetreiber. Technische Beschneiung ist die wichtigste Strategie, den Unwägbarkeiten des Wetters in Zeiten des Klimawandels zu begegnen. Damit lassen sich in einem gewissen Maße ausreichende Schneemengen zum Saisonbeginn, der sich oftmals von Natur aus nach hinten im Jahr oder gar an den Anfang Januar verschiebt, schaffen und andererseits auch die Skisaison verlängern, wenn der Frühling „zu früh“ für höhere Temperaturen und eine Schneeschmelze in den tieferen Lagen sorgt.

Abb. 10: Die Anfänger- bzw. Kinderpiste am Ortsrand von Engelberg kommt ohne technische Beschneiung nicht aus. | [10]

Der Wintertourismus rund um den alpinen Skilauf ermöglicht den Destinationen und ihren Akteuren eine hohe Wertschöpfung. Dies ist auch notwendig bei den großen Investitionen für die erforderliche Infrastruktur sowie den damit verbundenen Folgekosten für Unterhalt, Instandsetzung, Energie, Personal und Sonstigem.

Welche Möglichkeiten kann es geben, wenn sich durch eine zunehmende Schneeunsicherheit die technische Beschneiung nicht mehr rechnet und/oder aus anderen Gründen nicht mehr im ausreichenden Maß akzeptiert wird und die Nachfrage entsprechend sinkt? Diese Fragen stellt man sich bereits in den alpinen Winterdestinationen in tieferen Lagen sowie in den Mittelgebirgen. Einige Strategien und Angebote bringen einen nachhaltigeren Naturtourismus in diese Regionen.

Zu einem radikalen Schritt haben sich ausgehend von einem Projekt des Österreichischen Alpenvereins zunächst in Österreich, dann in Deutschland und nun auch in Italien, Slowenien und der Schweiz die Mitglieder der Initiative Bergsteigerdörfer entschlossen: „Diese Gemeinden haben also keinen Massentourismus, keine zur Perfektion ausgebauten Skigebiete mit Komplettbeschneiung, keine Après-Ski-Partys oder ressourcenfressende

Events im Angebot“ (BERGSTEIGERDÖRFER o.J.a). Zu den Projektzielen der Vereinigung gehören u.a. die Förderung von naturnahen Tourismusformen, der Verzicht auf technische Erschließungsmaßnahmen (z.B. Skigebietserweiterung, Beschneiung, Funparks im Sommertourismus), der Verzicht auf ressourcenintensive Tourismusformen, die Verbesserung der nachhaltigen Mobilität bei Anreise und vor Ort – und allem übergeordnet die Integration der Philosophie der Bergsteigerdörfer und der Protokolle der Alpenkonvention in die Gemeindepolitik (vgl. a.a.O.). Eines der Ziele, die „Bewegung aus eigener Kraft“, wird auch konsequent auf den Wintertourismus angewendet (BERGSTEIGERDÖRFER o.J.b).

Der Trend, den man ebenso dem Suffizienzansatz zuordnen kann, sich mit dem Schnee zu begnügen und arrangieren, stößt auch außerhalb der Bergsteigerdörfer nach der Devise „Aus der Not eine Tugend zu machen“ auf Interesse und Nachahmung. „Naturschnee-Skigebiete scheinen sich als eine neue Kategorie in einem ökologisch nachhaltigen Wintertourismus zu positionieren, denn auch andere Skigebiete mit nachlassender Schneesicherheit stehen zu dieser Schwäche und verwandeln diesen Fakt zur Grundlage für ein neues Markenzeichen in einem ökologisch korrekten Tourismus“ (KNOLL, 2020, S. 180). Zu den von Schneehöhen weit unabhängigeren Naturerlebnissen im Winter und einer weit weniger aufwendigen Infrastruktur gehören Skilanglauf, Winterwandern auf präparierten Wegen, Schneeschuhtouren, Rodeln, Eislaufen oder auch Pferdeschlittenfahrten.

Eine Möglichkeit, verschneite Landschaft in der Höhe von niedriger gelegenen Wegen ohne Schnee beispielsweise unten im Tal zu nutzen, wären Panoramawege, die die schönsten Ausblicke in die Landschaft entlang einer auch winterkompatiblen Wanderstrecke in Szene setzen. Um die Blicke auf das Wesentliche zu lenken, könnte man hölzerne Rahmen quasi als Bilderrahmen an einigen Punkten aufstellen. Damit ließen sich auch auf unterschiedliche Weise (Texte, QR-Codes) sachliche Informationen oder vielleicht Wintergeschichten aus der Region weitergeben – dieses Konzept eignet sich natürlich ebenso für Themenwege im Sommer!

In Erlenbach in den Berner Alpen hat man am Stockhorn den Pistenbetrieb auf den benachbarten Lasenberg eingestellt, denn der dort hinaufführende Bügellift wurde inzwischen abgebrochen. Als Aktivitäten für den Winter werden somit kein Abfahrtslauf, sondern Winterwandern, Schneeschuh- und Schlittschuhlaufen, Eisfischen und Lawinenkurse am Stockhorn angeboten.

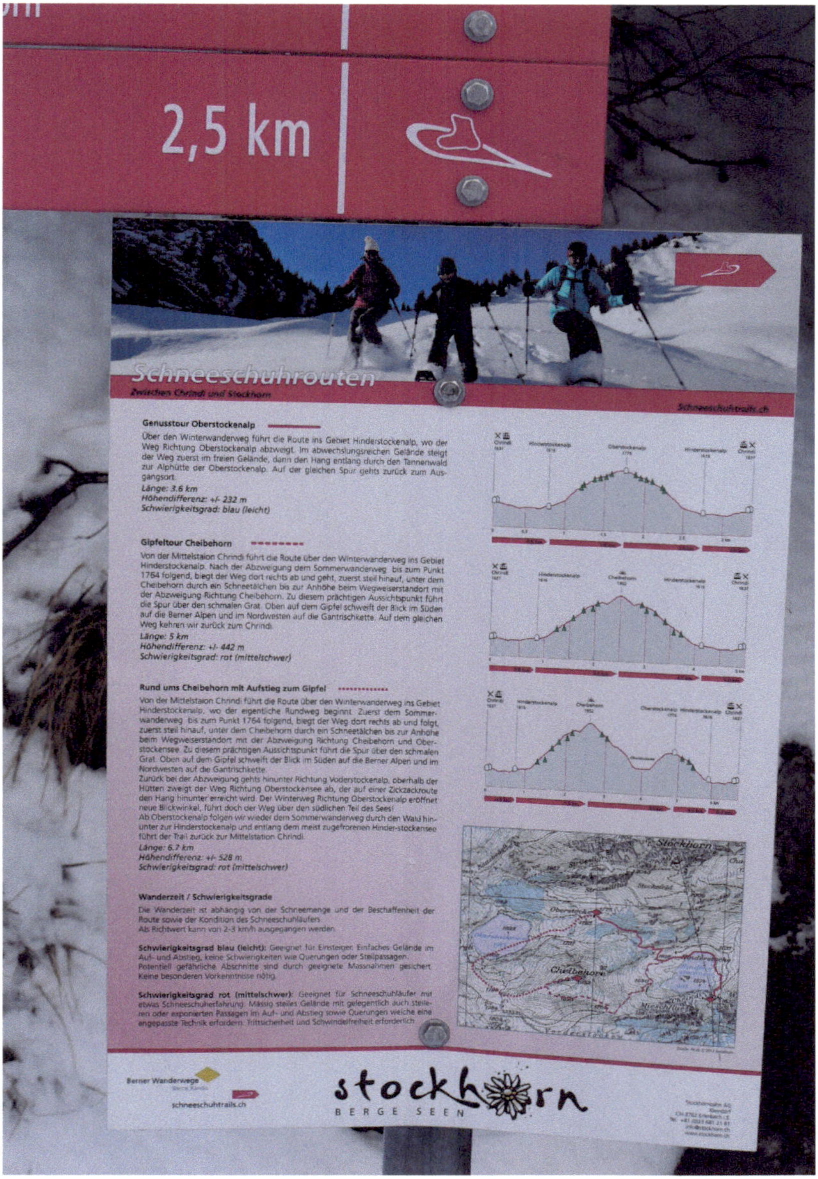

Abb. 11: Am Stockhorn im Berner Oberland hat man den Skilift längst abgebaut und setzt auf Wandern auch im Winter mit Schneeschuhen sowie ganzjährig nachhaltigen Tourismus. | [11]

Seit dem Winter 2013/14 gibt es ein besonderes Wintererlebnis: ein Iglu als im wahrsten Sinne des Wortes „coole Location“ am Hinderstockesee auf halber Höhe des Stockhorns und nahe der Zwischenstation der Seilbahn. So finden Fondue-Abende im Iglu mit darauf abgestimmten Fahrplan der Seilbahn statt.

Abb. 12: Eine Winterattraktion am Berner Stockhorn seit 2013 – Iglus für den Fondue-Abend oder einen Barbesuch | [12]

Im Panoramarestaurant am Gipfel hat man je nach Saison nicht nur besondere Angebote während des Tages, sondern auch vielseitige Veranstaltungen zahlreichen Abenden im Programm: Vom Zmorge-Buffet an Wochentagen, einem Brunch am Wochenende bis hin zum Mondschein-Dinner oder einem „Alpenglanz-Znacht“ sowie als einzelne Veranstaltungen als Kartenturnier den „Stockhorn-Gipfel-Jass“, eine „Stockhorn Oldies Disco“ oder einen „Stockhorn-Rave“. Auf einem Kulinarik-Trail kann man vom Stockhorngipfel abwärts wandern und dabei drei Gänge eines Menüs auf drei Restaurants verteilt einnehmen.

Box | Erlebnisessen

In der Schweiz ist man sehr kreativ darin, den Gästen die Winterlandschaft mit traditionellen gastronomischen Angeboten – einem „Fondueplausch“ oder „Racletteplausch“ erleben zu lassen. Beispiele:
🔗 https://www.swissactivities.com/travel-guide/schweizer-fakten/fondue-schweizer-spezialitaet/
oder
🔗 https://www.erlebnisessen.ch/de/angebote/fondueplausch-oder-racletteabend/

Ein großes Thema sind die Nutzungsmöglichkeiten der Bergbahnen, Seilbahnen und anderen mechanischen Aufstiegshilfen während des Sommers. Dabei erfreuen sich Bike-Parks für Mountainbikes zunehmender Beliebtheit; sie benötigen alle als wesentliche Voraussetzungen ein bergiges Gelände und die Aufstieghilfen für Wintersportler, wie Bergbahnen, Seilbahnen, Sessel- oder Schlepplifte (Beispiele aus den Gebirgen Europas: 🔗 https://www.bike-x.de/mtb/touren/bikepark-top-10/).

Wie steht es dabei um die ökologische Nachhaltigkeit bzw. den Naturschutz bei dieser sportlichen Betätigung? Als Beispiel möge Willingen im Sauerland, die Wochenend-Ski-Destination für NRW und die Niederlande (GEMEINDE WILLINGEN o.J.) dienen. Zum Naturschutz ist auf der Website zu lesen:

- „Eingriffe in die Natur sind untersagt.
- Du darfst nur auf den geöffneten, ausgewiesenen und beschilderten Bikeparkstrecken fahren.
- Außerhalb der Öffnungszeiten des Bikeparks ist das Befahren der Strecken untersagt.
- Verlasse nicht die ausgewiesenen Bikeparkstrecken. Dies gilt nicht nur aus Gründen des Naturschutzes – Strecken mit befestigter Auflage werden beim Verlassen an den Rändern beschädigt, was sehr schnell zu Erosionsschäden führt.“

„Bitte habt Verständnis, dass wir bei grob fahrlässigem Verhalten die Liftkarte entziehen oder sogar ein Bikeparkverbot aussprechen müssen.“ (MTB ZONE BIKEPARK o.J.)

Mit einem Bikepark wird ökonomische Nachhaltigkeit erreicht, da im Sommerhalbjahr die diversen Bahnen durch eine weitere Zielgruppe genutzt werden können und es somit für die betreffenden Unternehmen und ihre Angestellten Einkommensmöglichkeiten gibt. In der Saison von Anfang April bis Anfang November können in der Region Einnahmen aus dem Radverleih, Service und durch Mountainbike-Kurse erzielt werden.

3.6 Ansätze zu mehr ökologischer Nachhaltigkeit in der touristischen Nutzung von Natur

„Wir legen in den Nationalparken und Wildnisgebieten den Fokus darauf, Natur Natur sein zu lassen, sie zu erforschen und ihre Faszination für alle erlebbar zu machen. In den Naturparken gestalten und vermitteln wir Natur und Kulturlandschaften nachhaltig und ermöglichen so den Menschen, Freude und Lebensqualität zu erfahren. In den Biosphärenreservaten entwickeln wir nachhaltige und klimafreundliche Zukunftsmodelle, durch die wir Menschen zu einem Leben mit der Natur einladen und Zuversicht erzeugen." (NATIONALE NATURLANDSCHAFTEN o.J.a) So lautet das Credo des Dachverbands der Großschutzgebiete in Deutschland, der Nationalen Naturlandschaften (NNL). In ihm sind 16 Nationalparke, 3 Wildnisgebiete, 104 Naturparke und 18 Biosphärenreservate – somit rund ein Drittel der Fläche der Bundesrepublik Deutschlands zusammengeschlossen.

Neben dem Erhalt der Großschutzgebiete zählt der Naturtourismus zu den wesentlichen Aufgaben der NNL. „Naturtourismus ist ein in höchstem Maße relevanter Wirtschaftsfaktor für den naturgeprägten ländlichen Raum." (NATIONALE NATURLANDSCHAFTEN o.J.b, S. 1) Die drei Dimensionen der Nachhaltigkeit stehen dabei im Fokus: „Wirtschaftliches Denken und Handeln sind für die Sicherung von Einkommensquellen der lokalen Bevölkerung in ländlichen Regionen unerlässlich. Im Sinne des nachhaltigen Handelns werden in den Nationalen Naturlandschaften wirtschaftliche Faktoren mit sozialen und ökologischen Faktoren bestmöglich zusammengedacht." (Positionspapier 2020, S. 2)

Neben dem Tourismus als Wirtschaftsfaktor umfasst das Programm der NNL die Aufgabenbereiche: Naturerlebnisangebote und Bildung für nachhaltige Entwicklung, Tourismus für alle, die Partnernetzwerke für Qualität in einem zukunftsfähigen Tourismus, Klimaschutz und nachhaltige Mobilitätskonzepte sowie die Stärkung des ländlichen Raums.

Mit dem Bildungsauftrag für nachhaltige Entwicklung sollen Besucherinnen und Besucher, aber auch die Einheimischen aktiviert werden, sich mit

Aspekten der Nachhaltigkeit auseinanderzusetzen. „Ausstellungen, Führungen zum Beispiel mit zertifizierten Natur- und Landschaftsführer*innen und viele weitere Angebote tragen zur Sensibilisierung vieler Menschen in allen Altersgruppen bei“ (Positionspapier 2020, S. 3). In den Managementplänen von Nationalparks (→ Beispiel unten) oder auch Biosphärenreservaten ist der Bildungsauftrag verankert – und der Bildungsauftrag somit auch als Teil eines nachhaltigen Tourismus. Eine „qualitativ hochwertige Naturerlebnis-Infrastruktur“ und barrierefreie Angebote im Rahmen der bundesweiten Aktion „Tourismus für alle“, die sich unter soziale Nachhaltigkeit subsummieren lässt, vermitteln auf zeitgemäße Weise zielgruppengerecht die Inhalte bzw. das Wissen um Nachhaltigkeit.

Diese Vermittlungsarbeit erfolgt nicht nur durch die üblichen Akteure, die zertifizierten Natur- und Landschaftsführer, sondern sie betrifft auch alle Mitglieder des sogenannten Partnernetzwerks der jeweiligen NNL. Diese Partnernetzwerke leben Nachhaltigkeit vor, wie es in den Grundsätzen des Partner-Programms festgelegt ist. Als oberste Ziele gelten: „Die Partner-Netzwerke streben eine nachhaltige, naturverträgliche und klimaschonende Tourismus- und Regionalentwicklung in den Nationalen Naturlandschaften an. Sie tragen dazu bei, Natur und Landschaft zu schützen und für Gäste und Einheimische erlebbar zu machen. Dabei spielen der schonende Umgang mit natürlichen Ressourcen, die Sicherung bzw. Wiederherstellung einer hohen biologischen Vielfalt mit einer vielfältigen Tier- und Pflanzenwelt sowie die umwelt- und naturverträgliche Landnutzung in der regionalen Natur- und Kulturlandschaft eine entscheidende Rolle. Auch die Steigerung der öffentlichen Wahrnehmung von Nationalparken, Biosphärenreservaten und Naturparken stellt ein bedeutendes Ziel der Partnerschaft dar“ (NATIONALE NATURLANDSCHAFTEN o.J.c, S. 1).

Zum Aspekt Nachhaltigkeit, Klimaschutz und Regionalität sind folgende Vorgaben zu erfüllen: „Es wird eine klima-, umweltfreundliche und nachhaltige Handlungsweise/Betriebsführung nachgewiesen (durch eine anerkannte Zertifizierung, eine branchenspezifische Leistung oder eine mit der Schutzgebietsverwaltung abgestimmte Maßnahme). Dazu zählt, dass der Partner, wenn möglich, ökologisch, nachhaltig und/oder regional erzeugte Produkte verwendet und seine Gäste/Kund*innen besonders auf diese Angebote hinweist. Bei produzierenden oder verarbeitenden Betrieben stammen die Hauptrohstoffe, wenn möglich, aus der Region und/oder aus ökologischem Landbau und/oder aus naturverträglichen Herstellungsverfahren“ (Partner NNL, S. 4). Neben einem nachhaltigen Agieren wird von den

Partnern des Netzwerks auch erwartet, dass sie ihr eigenes Engagement für den Natur- und Klimaschutz sowie Nachhaltigkeit kommunizieren und somit bei Gästen und Einheimischen mehr Aufmerksamkeit für diese Themen schaffen (vgl. Partner NNL, S. 4). Tue Gutes und rede darüber, lautet die Devise!

Es ist nicht die oberste Maxime für ein Großschutzgebiet, wie beispielsweise einen Nationalpark oder ein Weltnaturerbe, eine imaginäre Käseglocke zu seinem Schutz überzustülpen, sondern einen nachhaltigen Tourismus zu fördern, der den Wert dieser Natur mit entsprechenden Erlebnissen und Erfahrungen ins Bewusstsein rückt und den Erhalt fördert bzw. sicherstellt. Selbst die International Union for Conservation of Nature (ICUN) hat in ihren Leitlinien für eine nachhaltige Nutzung der Natur zehn Leitsätze für das Tourismus- und Besuchermanagement aufgestellt (vgl. KNOLL 2022, S. 69f.). Darin heißt es u.a., dass das Management die Beeinflussung menschlichen Verhaltens und die Minimierung tourismusbedingter Veränderungen zum Ziel habe. Zu den wichtigen Aspekten gehören in diesem Zusammenhang Monitoring, Zonierung, Nutzungsverteilung, Ermitteln der Grenzen des akzeptablen Wandels und eventuell auch die Entscheidung für ein Demarketing (vgl. a.a.O., S.70).

Die Strategie für den Schutz der Natur einerseits und die Nutzung dieses Gebiets wird im Managementplan eines Nationalparks, einer Weltnaturerbestätte und auch eines Biosphärenreservats festgelegt. Am Beispiel des Nationalpark Bayerischer Wald sei ein Blick in einen solchen Plan geworfen. Im Leitbild des Nationalparks wird an erster Stelle die Verbindung von Naturschutz, Tourismus und Regionalentwicklung herausgehoben, wobei dem Naturschutz eine Vorrangstellung eingeräumt wird (vgl. NATIONALPARKVERWALTUNG BAYERISCHER WALD 2022, S. 6).

Eine naturnahe Erholung soll in enger Zusammenarbeit zwischen der Nationalparkverwaltung und den touristischen Akteuren außerhalb des Parks stattfinden können; ein nachhaltiger, barrierearmer und naturverträglicher Tourismus ist das gemeinsame Ziel. Hierbei soll die touristische Kernkompetenz eines Nationalparks mit dem Erlebbarmachen von möglichst ursprünglicher Natur bzw. Wildnis den Bildungsauftrag des Nationalparks realisieren, einen „Tourismus für alle" umsetzen und die Regionalentwicklung durch den Tourismus fördern. Dafür steht das übliche Instrumentarium von Führungen und anderen Veranstaltungen, Besuchereinrichtungen auf der Basis eines entsprechenden Wander- und Radwegenetzes zur Verfügung.

Box | Fahrtziel Natur

„Der Nationalpark Bayerischer Wald ist zusammen mit dem Naturpark Bayerischer Wald langjähriges Mitglied bei Fahrtziel Natur und hat 2009 und 2016 den Fahrtziel Natur Award gewonnen. Fahrtziel Natur ist eine Kooperation der Deutschen Bahn und der drei großen Umweltverbände Bund für Umwelt und Naturschutz Deutschland (BUND) e.V., Naturschutzbund Deutschland (NABU) e.V. und Verkehrsclub Deutschland (VCD) e.V. In dieser Konstellation engagieren sich die Träger seit 2001 dafür, das Naturerbe in Deutschland durch aktive Förderung des umweltverträglichen Tourismus zu erhalten. Ziel ist es, Nationalparke, Biosphärenreservate und Naturparke in Deutschland, in der Schweiz und in Österreich als attraktive Reiseziele bekannter zu machen. Fahrtziel Natur informiert über die Anreisemöglichkeiten mit der Bahn sowie Mobilitätsangebote vor Ort."
(NATIONALPARKVERWALTUNG BAYERISCHER WALD 2022, S. 17)

Das Ziel, die Regionalentwicklung durch Tourismus zu fördern, war ebenfalls ein Motiv zur Gründung des Nationalparks Bayerischer Wald 1970. Die entsprechende Nachfrage hat sich im Laufe der Jahre eingestellt und inzwischen scheinen die Besucherzahlen an der Grenze des Tragbaren angelangt zu sein, sodass ein Strategiewechsel angesagt scheint: „Ein quantitativer Ausbau des Nationalpark-Tourismus im Sinne einer Steigerung der Besucherzahlen wird nicht angestrebt, vielmehr sollte der Fokus auf qualitative Verbesserungen im naturnahen Erholungsangebot in und am Nationalpark gelegt werden, um die Aufenthaltsqualität für die Tagesbesucher und die Übernachtungsgäste zu verbessern" (a.a.O., S 7).

Besucherlenkung ist ein wichtiges Instrument für die Praxis eines nachhaltigen Naturtourismus. Eine Maßnahme ist die Zonierung innerhalb eines Großschutzgebiets, mit der festgelegt wird, inwieweit eine Nutzung durch den Menschen stattfinden darf. In Nationalparks und Bioreservaten werden sogenannte Kernzonen ausgewiesen, die damit weitestgehend dem menschlichen Einfluss entzogen werden und in denen der Naturschutz oberste Priorität besitzt. Gleiches gilt auch für Weltnaturerbestätten, wie beispielsweise dem Wattenmeer der Nordsee, das aus einer Reihe von Nationalparks und Biosphärenreservaten besteht. In den an die Kernzone angrenzenden Bereichen ist dann Naturtourismus gestattet, auf den durch eine entsprechende Infrastruktur (Wege, Aussichtspunkte, Informationszentren etc.) und Dienstleistungen (Führungen, Workshops, Erlebnisse) Einfluss genommen werden kann. Mit dem Wegemanagement durch vorübergehende Sperrungen bestimmter Bereiche in der Zeit von Brunft, Brut und der Aufzucht des Nachwuchses, aber auch durch den Rückbau von Wegen lassen sich Besucherströme lenken.

harte Maßnahmen	
Reduzierung von Besucherzahlen	**Beeinflussung von Besucherverhalten**
• Begrenzung von Gruppengrößen • Festsetzung von Limitierungen, z.B. für bestimmte Zonen, Wanderwege, Campingplätze • Beschränkung der Aufenthaltsdauer • saisonale oder tageszeitliche Sperrung von Wegen oder Zonen, z.B. während der Brunft- und Brutzeit • Reservierungspflicht • Absperrungen, z.B. Zäune	• Ge- und Verbote, z.B. Wege zu verlassen oder bestimmte Aktivitäten zu unterlassen • obligatorische Begleitung durch einen Guide • Präsenz von Rangern • Bußgelder bei Fehlverhalten • Umweltabgaben für Nutzer
sanfte Maßnahmen	
Reduzierung von Besucherzahlen	**Beeinflussung von Besucherverhalten**
• Ablenkung/Abschreckung: Erschwerung des Zugangs zu empfindlichen Gebieten durch natürliche Barrieren, z.B. Gräben, Bepflanzung, Aufschüttungen, Holzbarrieren oder die Gestaltung von Wegen, z.B. schlechte Wegebeschaffenheit • Anreize: Schaffung von Attraktion und gut gemanagten Standorten, z.B. Aussichtspunkte, Picknickplätze, befestigte Wege, Beschilderung und gezielte Wegweisung („Honigtopf-Prinzip") • differenzierte Preisgestaltung: Erhebung erhöhter Eintrittsgebühren in der Hauptsaison oder für überlaufene Zonen	• Besucherinformation und Umweltbildung: Vorträge, Ausstellungen, Hinweisschilder, Lehrpfade • Erläuterung von Verhaltenkodizes • Empfehlung zur Mitnahme eines Guides zur Naturinterpretation • gezielte Angebote von naturverträglichen Handlungsalternativen, z.B. Aussichtsplattformen, Bohlenwege durch Feuchtgebiete • fehlende Erschließung oder lange Anmarschwege zu ökologisch sensiblen Gebieten • Werbung bzw. Nicht-Bewerbung bestimmter Gebiete

Abb. 13: Besucherlenkungsstrategien und -maßnahmen | [13]

Die möglichen Maßnahmen zur Besucherlenkung in Schutzgebieten lassen sich – wie ⟶ Abb. 13 zeigt, in „harte" und „sanfte" Maßnahmen unterteilen. „Während die harten Maßnahmen in erster Linie Vorschriften und Regeln, z.B. Ge- und Verbote umfassen und damit die individuelle Entscheidungsfreiheit stark einschränken, setzen Letztere auf Verständnis und Einsicht der Besucher und ihr freiwilliges Mitwirken am Schutz der Natur" (DICKHUT 2017, S. 124).

Die Schweiz als eine große Destination mit einer Vielfalt an Naturlandschaften agiert nach der Devise „Unsere Natur ist unser grösstes Kapital. Deshalb schützen wir sie." Nachhaltigkeitsmanagement im Schweizer Tourismus steckt hinter dem Begriff Swisstainable, mit dem eine „neue" Art des Reisens vermarktet wird. Das Credo der DMO Schweiz Tourismus lautet: „Nachhaltiges Reisen bedeutet nicht zwingend Verzicht. Nachhaltiges Reisen steht für mehr Bewusstsein, Genuss, Tiefe. Das Reiseland Schweiz verfolgt deshalb eine für die Schweiz typische Nachhaltigkeitsstrategie: Swisstainable.

Swisstainable steht für den Zeitgeist – und maximale Erholung in der Natur:

1. Die Natur nah und ursprünglich geniessen
2. Die lokale Kultur authentisch erleben
3. Regional konsumieren
4. Länger bleiben und tiefer eintauchen"

(SCHWEIZ TOURISMUS o.J.)

Die drei Dimensionen der Nachhaltigkeit lassen sich in dieser kurzen Liste bereits wiederfinden. Auf die vielen Anwendungsgebiete und die Umsetzung der Nachhaltigkeitsstrategie kann in diesem Zusammenhang nicht eingegangen werden, aber die Tatsache, dass ökologische Nachhaltigkeit bei Fahrten in die Natur in der Schweiz schon praktiziert wurde, bevor es diese Begriffe gab, muss erwähnt werden. Ein zuverlässig funktionierender ÖPNV bis in die hintersten Talabschnitte, ein ÖPNV mit aufeinander abgestimmten Fahrplänen von Zug, Bus, Bergbahn und Schiff bestimmt das Vorwärtskommen unter der Woche wie am Wochenende – also nicht nur während des Berufsverkehrs. Einige Destinationen im Hochgebirge setzen ganz auf autofreie Ortschaften: 🔗 https://www.myswitzerland.com/de-ch/reiseziele/ferienorte-und-staedte/autofreie-orte

Den vermutlich aus gutem Grund am stärksten reglementierten Naturtourismus findet man in der Antarktis. Einen Leitfaden für die Besucher der Antarktis gibt das deutsche Umweltbundesamt heraus (UMWELTBUNDESAMT o.J.b). Welchen Grund gibt es für diese Institution, sich für einen nachhaltigen Tourismus rund um den Südpol zu engagieren? Es ist der Antarktis-Vertrag, den 1959 zwölf Staaten in Washington D.C. abgeschlossen haben, 1979 hat ihn auch die Bundesrepublik Deutschland unterzeichnet. „Der Vertrag erklärt die Antarktis zu einem Ort des Friedens, der internationalen Zusammenarbeit und wissenschaftlichen Forschung. Er regelt zudem erstmals verbindlich die Anforderungen an menschliche Aktivitäten für einen ganzen Kontinent und stellt die bis zu diesem Zeitpunkt geltend gemachten Territorialansprüche zurück" (LEITFADEN 2017, S. 6).

1991 wurde der Antarktis-Vertrag um ein Umweltschutzprotokoll erweitert, das der antarktischen Umwelt zur Erhaltung ihrer Eigenart und Ursprünglichkeit einen umfassenden Schutz sichert. 1994 hat die Bundesrepublik das Gesetz zur Ausführung des Umweltschutzprotokolls zum Antarktis-Vertrag (AUG) in deutsches Recht umgesetzt. Dieses Protokoll betrifft sämtlichen Tourismus in die Antarktis. „Nach dem AUG ist das Umweltbundesamt die Genehmigungsbehörde für alle von Deutschland ausgehenden oder organisierten Aktivitäten in der Antarktis. Somit sind auch Reiseveranstalter, Journalisten und Forscher verpflichtet, für geplante Reisen in die Antarktis beim Umweltbundesamt eine Genehmigung einzuholen. Dies gilt auch für selbst organisierte Aufenthalte – etwa eine Reise mit einer Segel- oder Motoryacht" (LEITFADEN 2017, S. 7). In dem Leitfaden gibt es ausführliche Erklärungen über die Auswirkungen von menschlichen Einflüssen in diesem sensiblen Ökosystem und dementsprechend Hinweise auf ein nichts schädigendes Verhalten.

Webtipp | Das Umweltbundesamt zum nachhaltigen Reisen – außerhalb der Antarktis

🔗 https://www.umweltbundesamt.de/umwelttipps-fuer-den-alltag/garten-freizeit/urlaubsreisen#undefined

Ökologische Nachhaltigkeit rund um den Natururlaub kann sich sogar in der Wahl des richtigen Sonnenschutzmittels beim Aufenthalt am Meer ausdrücken. Neuere Studien haben eine Gefährdung von Meerestieren durch den chemischen UV-Filter Octocrylen festgestellt. In manchen Meeresdestinationen, wie beispielsweise Hawaii, sind Verkauf und Nutzung von Octocrylen haltigem Sonnenschutz offiziell verboten.

Box | Die richtige Sonnencreme auch für Meeresbewohner

„Es scheint ein kleiner Baustein zu sein, aber selbst die Wahl der Sonnencreme macht einen Unterschied: Sonnencremes enthalten UV-Filter, die sich negativ auf die Gewässer auswirken können.
Der chemische UV-Filter Octocrylen schädigt beispielsweise Korallen, stört bei Fischen die Entwicklung von Gehirn und Leber und reichert sich in Muscheln und Austern an. Trotzdem ist dieser Stoff in deutschen Sonnencremes weit verbreitet. Kaufen Sie daher korallenfreundliche Sonnencreme ohne Mikroplastik.“
(WWF o.J.c)

Abschließend sei noch ein Blick in eine Studie zur Zukunft des Naturtourismus geworfen, in der Experten aus Tourismusorganisationen sowie Vertreter der Nationalen Naturlandschaften befragt wurden (vgl. SCHULER 2019, S. 318ff.).

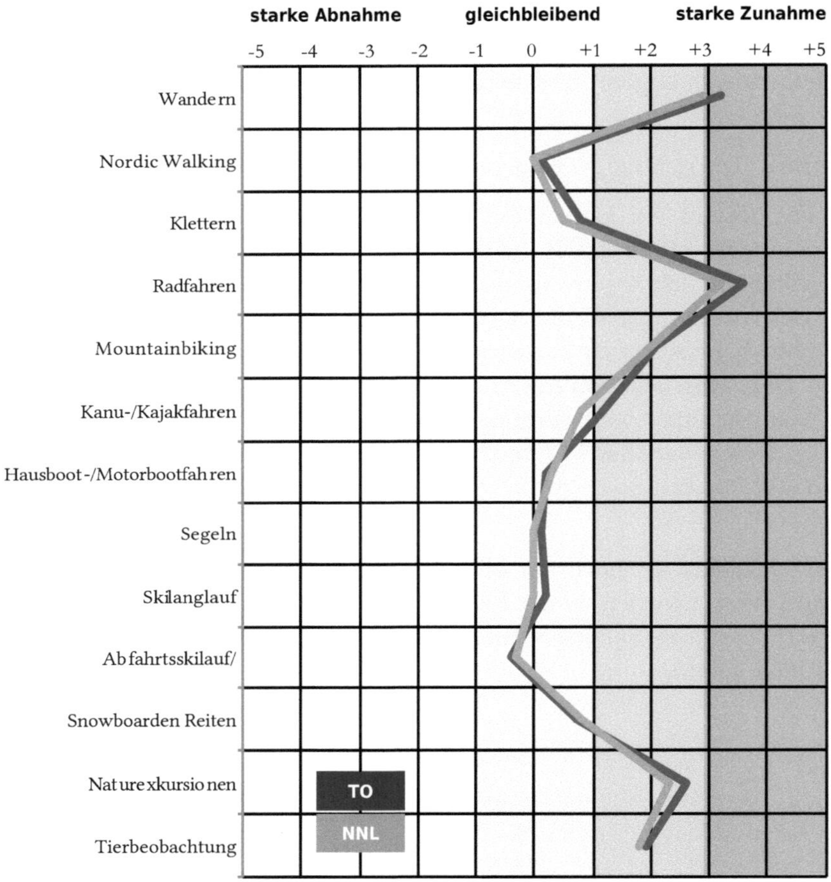

Abb. 14: Nachfragetrends im Naturtourismus | [14]

Als die fünf bedeutendsten Aktivitäten im Naturtourismus für die Zukunft wurden in dieser Reihenfolge ermittelt: Radfahren, Wandern, Naturexkursionen, Mountainbiking und Tierbeobachtung. „Während Radfahren und Wandern bereits heute ein großes Marktvolumen besitzen und auch das Thema Mountainbiken vor allem in den Mittelgebirgen intensiv diskutiert wird, sind es vor allem die Themen Naturexkursionen und Tierbeobachtung, welche in der touristischen Produktentwicklung und Kommunikation bisher noch recht kurz kommen“ (SCHULER 2019, S. 320). Die Frage in dieser Studie „Was braucht der Naturtourismus der Zukunft?“ brachte zutage, dass der

Schutz der biologischen Vielfalt – und damit ökologische Nachhaltigkeit – erst an fünfter Stelle bei den Befragten kam. Professionelle Vermarktung, professionelle Produktentwicklung, politische Wertschätzung des Wirtschaftsfaktors Tourismus gefolgt von der Erlebnisinszenierung wurden als bedeutender eingeordnet.

Box | Leggewies Forderung „Der Natur eine Stimme geben"

„Angesichts des menschengemachten Klimawandels und des fortschreitenden Artensterbens, die die Erde an ihre Belastungsgrenzen bringen, fordert Leggewie entschiedenes Handeln und einen umfassenden ökologischen Wandel in der Politik. Sein Vorschlag umfasst die Einrichtung eines Naturparlaments, das nichtmenschlichen Entitäten wie Tieren, Pflanzen und Ökosystemen ein Mitspracherecht in politischen Entscheidungsprozessen einräumt. Leggewie betont, dass im Diskurs über Umwelt-, Klima- und Artenschutz auch die betroffenen Entitäten, deren Lebensräume gefährdet sind, angemessen repräsentiert werden sollten. Die Menschheit trägt die Verantwortung, ihre menschenzentrierte Perspektive zu überwinden und die Natur als gleichwertige Partnerin auf Augenhöhe anzuerkennen."
(NETZWERK RECHTE DER NATUR o.J.)

➲ Zusammenfassung

Eine intakte Biodiversität muss man als eine wesentliche Grundlage für den Naturtourismus bezeichnen. Schäden an ihr und den dazugehörenden Ökosystemen gibt es an Land beispielsweise durch Versiegelung von Flächen beispielsweise für den Ausbau von Hotelanlagen, an Land wie im Meer durch Plastikmüll und Wasserverschmutzung. Ein kritischer Punkt im Tourismus ist der Trinkwasserverbrauch insbesondere in trockenen Klimazonen für die touristische Infrastruktur.

Der Klimafußabdruck umfasst nicht nur die Mobilität bei der An- und Abreise, sondern auch die Wahl der Beherbergung, Verpflegung und Aktivitäten am Urlaubsort. Zu einem nachhaltigen Konsumentenverhalten gehört der Suffizienzansatz, d.h. sich im Urlaub nicht das maximal Mögliche und Finanzierbare zu leisten, sondern seine Ansprüche etwas herunterzuschrauben, was nicht zwangsläufig das Ferienvergnügen schmälern muss.

Naturtourismus ist nicht per se nachhaltig, wofür der alpine Wintertourismus mit seinem Skizirkus das beste Beispiel ist. In Zeiten des Klimawandels und einer zunehmenden Schneeunsicherheit wird Wintertourismus mancherorts bereits neu gedacht. Winterangebote können auch ohne eine bestimmte Schneehöhe attraktiv sein. Für die kostenintensive Infrastruktur des Wintersports kommen neue Nutzungen während des Sommers ins Spiel.

Mehr ökologische Nachhaltigkeit im Naturtourismus bieten Initiativen wie die Nationalen Naturlandschaften und Großschutzgebiete, so z.B. Nationalparks und Biosphärenreservate. Naturschutz und nachhaltiger Tourismus können hier in Einklang gebracht werden; ein wichtiges Instrument hierbei ist die Besucherlenkung.

➲ Reflexionsfragen

1. „In den Zentren des Tourismus sind die Boden- und Baupreise rapide hochgeschnellt. Den in- und ausländischen Investoren können saftige Gewinne versprochen werden, die Spekulation ähnelt nach Meinung spanischer Experten dem Goldrausch früherer Jahrhunderte. Eine schmale einheimische Oberschicht, die sich teilweise mit Korruption und Ämterpatronage durchgesetzt hat, um beispielsweise Hotels in ausgewiesenen Naturschutzgebieten bauen zu können, und ausländische Kapitalanleger wie Tourismuskonzerne profitieren von dieser Spekulationswelle." (PRAHL, H.-W.; STEINECKE, A. (1979): Der Millionenurlaub. Von der Bildungsreise zur totalen Freizeit. Darmstadt: Luchterhand. S. 79) Diese Beobachtung aus den 1970er Jahren ist keinesfalls ein „Alleinstellungsmerkmal" jener Zeit. Recherchieren Sie nach aktuelleren Fällen solcher Misswirtschaft! Mit den Stichwörtern „Hotelruinen" oder „Bauruinen" bietet das Internet traurige Beispiele. Gehen Sie bei einem Beispiel mal in die Tiefe und forschen nach den Hintergründen!
2. Der Ausbau des Tourismus in Albanien geht, wie es ein aktuelles Beispiel zeigt, auch heute noch trotz besseren Wissens an Naturschutzgedanken und ökologischer Nachhaltigkeit vorbei. Machen Sie sich ein Bild von diesen Entwicklungen!

   🔗 https://www.zdf.de/nachrichten/politik/ausland/albanien-tourismus-wirtschaft-naturschutz-100.html

   🔗 https://www.gtai.de/de/trade/albanien/branchen/albanien-erlebt-tourismusboom-1024578#:~:text=Albanien%20erlebt%20Tourismusboom%201%2

0Nachhaltiger%20Tourismus%20soll%20Albaniens,fokussiert.%20...%203%20Deutsche%20Partner%20unterst%C3%BCtzen%20Albanien%20

3. Stellen Sie Aspekte zu den Alberghi Diffusi zusammen, in denen sich neben der ökologischen Nachhaltigkeit auch die soziale und die ökonomische widerspiegeln!
4. Studieren Sie einmal die Website von Mainbernheim! (🔗 https://www.albergo-diffuso-mainbernheim.de/) Wie wird dort das Konzept der Alberghi Diffusi umgesetzt? Erkennen Sie Unterschiede zu Beispielen aus Italien?
5. Welche Ansätze finden Sie im Internet, den alpinen Abfahrtslauf ökologisch nachhaltiger zu gestalten?
6. Welche Alternativen nutzen Destinationen, die den Wintertourismus mit dem Schwerpunkt Skifahren inzwischen aufgegeben haben? Insbesondere im Bereich der südlichen Alpen hat die verstärkte Schneeunsicherheit zum Abschied vom klassischen Wintersport geführt, so dass man sich umorientieren musste.
7. Surfen Sie einmal auf Seiten von Bikeparks! Welche Maßnahmen zum Schutz der Natur werden dort durchgeführt?
8. Suchen Sie sich einmal eine Nationale Naturlandschaft aus und recherchieren an diesem Beispiel, wie die praktizierte Nachhaltigkeit bei Partnern des Netzwerks aussieht! Wie wird diese auch den Gästen gegenüber kommuniziert?
9. Wie sieht ein ökologisch nachhaltiges Verhalten von Touristinnen und Touristen in der Antarktis aus? Gibt es vielleicht für Sie überraschende Aspekte dabei?

4 Soziale Nachhaltigkeit und Tourismus

4.1 Die SDGs von größter Relevanz

SDG 1: Armut in jeder Form und überall beenden

„Die Überwindung von Armut ist die größte Herausforderung der Gegenwart. Armut gibt es in vielen Ausprägungen. Absolute Armut, die mitunter existenzbedrohend ist, ist nicht vergleichbar mit der Situation von Menschen mit niedrigem Einkommen in Deutschland. Beide Formen der Armut müssen jedoch bekämpft werden."

Weitere Informationen:

🔗 https://www.bundesregierung.de/breg-de/themen/nachhaltigkeitspolitik/armut-beenden-1537492

SDG 8: Nachhaltig wirtschaften als Chance für alle

„Die Globalisierung birgt viele Chancen für mehr Wohlstand. Jedoch profitieren nicht alle auf gleiche Weise von den Vorteilen der Globalisierung. Wenn es beispielsweise um gute Arbeit mit sozialen Mindeststandards und adäquaten Löhnen geht, stehen wir international immer noch vor vielen Herausforderungen."

Weitere Informationen:

🔗 https://www.bundesregierung.de/breg-de/themen/nachhaltigkeitspolitik/nachhaltig-wirtschaften-276606

SDG 10: Weniger Ungleichheiten

„Wir alle sind vor dem Gesetz gleich, haben die gleichen Chancen, etwa beim Zugang zu Bildung und zur Gesundheitsversorgung sowie sozialer und wirtschaftlicher Teilhabe. Doch in vielen Ländern ist die Ungleichheit nach wie vor sehr hoch, in einigen Ländern wächst sie sogar. Das muss geändert werden. Denn alle Menschen sollen ihr Leben selbst bestimmen können."

Weitere Informationen finden Sie unter https://www.bundesregierung.de/breg-de/themen/nachhaltigkeitspolitik/weniger-ungleichheiten-1592836.

Die Dimension der sozialen Nachhaltigkeit hat den bzw. alle Menschen auf diesem Globus im Fokus. Dazu gehören u.a. deren Lebensbedingungen und die Fragen: Werden ihre Grundbedürfnisse gestillt? Gibt es für sie eine Ernährungssicherheit (SDG 2) und sauberes Trinkwasser samt sanitärer Versorgung (SDG 6)? Haben sie Zugang zu einer Gesundheitsfürsorge (SDG 3), zur Bildung (SDG 4), zu einer menschenwürdigen Arbeit (SDG 8)? Gibt es gleiche Chancen zwischen den Geschlechtern sowie anderen sozialen Gruppen (SDG 5) sowie als grundlegende Voraussetzung ein Leben, das nicht von Armut und ihren Folgen bestimmt wird?

Engt man die Perspektive auf den Tourismus ein, dann lassen sich im Zusammenhang mit der sozialen Nachhaltigkeit drei Gruppen unterscheiden: die Reisenden, die Bereisten und die im Tourismus Arbeitenden (vgl. BEYER 2017, S. 211ff.).

Welche Erwartungen sind charakteristisch für diese Gruppen? Was würden sie an Nachhaltigkeit im Zusammenhang mit dem Tourismus, mit ihren Urlaubserfahrungen, ihrem Alltag in einer Destination und ihrer Berufstätigkeit erwarten? Wo besteht bei den drei Gruppen jeweils Handlungsbedarf? Welche Ansätze und Strategien gibt es für sie zur Stärkung der sozialen Nachhaltigkeit?

Die Reisenden – alias Touristen, Urlauber, Gäste etc. – kommen oft mit hohen Erwartungen und stellen hohe Ansprüche an ihre „schönsten Tage/Wochen des Jahres“. Wenn ihr Start in den Urlaub noch mit Stress bei der Anreise verbunden ist durch Verspätungen, Flugausfälle, Streiks, Blockade des Flugverkehrs durch Klimakleber auf der Start- oder Landebahn gerade in den Ferienzeiten und anderen unerwarteten Ereignissen wie Unwettern, dann kann man davon ausgehen, dass diese Personen noch „urlaubsreifer“ an ihrem Ferienort ankommen. Ihre verständlichen Wünsche nach Dienstleistung, Rund-um-Versorgung, Service, Freundlichkeit, Sicherheit sowie die Berücksichtigung individueller Bedürfnisse werden bei einer solchen Ausgangslage vielleicht nur rudimentär erfüllt. Können dann die Touristen in der Destination in den Urlaubsmodus schalten, kommen für sie noch die Faktoren gutes Preis-Leistungs-Verhältnis, Erlebnisse, Erholung, Entspannung, Abstand vom Alltag und eventuell auch Authentizität hinzu (vgl.

BEYER 2017, S. 211). Mit positiven Erinnerungen und gut erholt möchten sie nach dem Urlaub wieder fit und gestärkt in ihren Alltag zurückkehren.

Für die Bereisten – die Bewohnerinnen und Bewohner der Destination – beschränkt sich der touristische Alltag nicht nur auf zwei, drei Wochen. Je nach Destination, insbesondere bei Städten als touristische Ziele, dauert die Saison für sie viele Monate, in denen sie schlimmstenfalls sich täglich mit Massen von Touristen konfrontiert sehen und durchaus zu Recht gestört fühlen. Zunehmend treten Proteste in Destinationen mit einem Missverhältnis von Einheimischen und Touristen auf, wie sie in den Medien zu verfolgen sind. Unter dem Massentourismus und Overtourism können Einheimische in unterschiedlicher Weise leiden. Überraschend mag angesichts von Massen an Touristen sein, dass dadurch Armut eine zunehmende Bedrohung bis Realität für Einheimische wird und viele daraus kein Existenz sicherndes Einkommen erarbeiten können. Da wäre zum einen der durch den Tourismus ausgelöste Preisanstieg auch für die Güter des täglichen Bedarfs, zum anderen der Anstieg der Mieten und letztendlich der Verlust von bezahlbarem Wohnraum durch Plattformen wie Airbnb.

So werden Einheimische aus ihren angestammten Wohnvierteln verdrängt, wenn diese von Touristen als für sie preiswerte Übernachtungsmöglichkeiten in attraktiven Stadtbereichen besonders nachgefragt werden. Menschenunwürdige Wohnverhältnisse können da in etablierten Destinationen, wie beispielsweise Mallorca, die Folge sein, wenn im Tourismus Arbeitende sich von den niedrigen Löhnen keine Wohnung mehr leisten können und in „Schrottimmobilien“, in Garagen oder anderen Behausungen hausen müssen, wie es ebenso in den Medien berichtet wurde. Mit diesem Trend zu Ferienapartments und ihrer Klientel verändern sich auch im jeweiligen Stadtviertel die Nachfrage für den Einzelhandel und nach Dienstleistungen, denn man richtet sich auf die Bedürfnisse der Touristen ein – und die unterscheiden sich deutlich von denen einer permanent dort lebenden Bevölkerung. Ihre Lebensqualität leidet sehr in Stadtvierteln mit einer hohen Dichte an Angeboten von Kurzzeitvermietungen: „Während die COVID-19-Pandemie im Jahr 2020 einen Rückgang der Gästeübernachtungen im Vergleich zu 2019 verursachte, übertrafen die Zahlen im Jahr 2021 das Niveau vor der Pandemie und sind seither gestiegen. Der Trend setzte sich 2023 fort, als vier führende Plattformen (Airbnb, Booking, Expedia und TripAdvisor) über 300 Millionen Übernachtungen in Kurzzeitunterkünften verzeichneten. …Als Reaktion auf die steigende Zahl von Kurzzeitunterkünften haben mehrere Städte und Regionen lokale Vorschriften eingeführt, um den Zugang zu Kurzzeitmietdiensten einzuschränken." (EUROPÄISCHES PARLAMENT 2024).

Box | EU-Regeln gegen Kurzzeitvermietungen verabschiedet

„Im November 2022 legte die Europäische Kommission einen Vorschlag vor, um für mehr Transparenz im Bereich der kurzfristigen Vermietung von Unterkünften zu sorgen und Behörden bei der Förderung eines nachhaltigen Tourismus zu unterstützen."
Parlament und Rat erzielten im November 2023 eine Einigung über den Vorschlag; im Februar 2024 wurde er vom Europaparlament verabschiedet. Zu den Maßnahmen gehören die Registrierung von Gastgebern, um ihre Identifizierung und Überprüfung durch die Behörden zu erleichtern. Im Rahmen von mehr Sicherheit für Nutzer und Verbraucherschutz soll die Richtigkeit von Immobilienangaben überprüft und stichprobenartige Kontrollen durchgeführt werden und ein Datenaustausch ermöglicht werden: ‚Um Daten von Plattformen über Gastgeberaktivitäten zu erhalten, werden die Mitgliedstaaten einen einzigen digitalen Zugangspunkt einrichten, um lokalen Behörden dabei zu helfen, Mietaktivitäten zu verstehen und den Tourismus zu verbessern.'
„Kim van Sparrentak (Grüne/EFA, Niederlande), die die Gesetzgebungsakte im Parlament leitet, sagte: ‚Früher haben Vermietungsplattformen keine Daten ausgetauscht, was die Durchsetzung städtischer Vorschriften erschwerte. Dieses neue Gesetz ändert das und gibt den Städten mehr Kontrolle.'"
(EUROPÄISCHES PARLAMENT 2024)

Zu den Erwartungen der Bereisten an den Tourismus in ihrem Umfeld gehören naheliegender Weise Arbeitsmöglichkeiten und Einnahmequellen – auch jenseits von Vermietungen. Gerade in strukturschwachen Regionen sind viele Hoffnungen mit dem Tourismus verbunden, beispielsweise dass Investitionen getätigt werden, die auch für die Einheimischen ihre Lebensqualität erhöhen, indem es Verbesserungen oder erstmalig einen Ausbau der Infrastruktur gibt.

Wertschätzung der fremden Kultur mit ihren Traditionen und der Respekt vor dem Privatleben sind weitere verständliche Wünsche der Bereisten. Ungefragt jeden zu fotografieren? Es gibt ein Recht am eigenen Bild. Sich unangemessen bekleidet mit Fotoapparat oder Smartphone in die erste Reihe einer Zeremonie drängen? Übergriffiges Verhalten seitens der Touristinnen und Touristen gehört leider zum Alltag in den Destinationen – gleich, ob es aus Unwissenheit oder aus Egoismus von „Motivjägern" für ihr nächstes Lebenszeichen in den sozialen Medien geschieht. Das Minimieren solchen Verhaltens gehört ebenfalls zur sozialen Nachhaltigkeit im Tourismus. Möglichkeiten der Bewusstseinsbildung unter Reisenden gibt es mehrere. Bei Pauschalreisen wäre der Reiseveranstalter in der Verantwortung, seine Möglichkeiten zu nutzen: zum einen auf der Website bei Angeboten aus bestimmten Destinationen, dann mit einem entsprechenden Link bei der Buchungsbestätigung oder am Urlaubsort durch seine Standortreiseleitung. Für Individualreisende könnten wichtige Informationen, was man vor Ort tun oder lassen sollte, auf der Website der Destination eingepflegt werden.

Lesetipp | Umgehen von Fettnäpfchen in der Destination

Publikationen wie beispielsweise die seit den 1970er Jahren vom Studienkreis für Tourismus und Entwicklung e.V. herausgegebenen sogenannten SympathieMagazine „Land x verstehen" (🔗 https://www.sympathiemagazin.de/) oder die Buchreihe „Gebrauchsanweisung für …" aus dem Piper Verlag bieten Gelegenheiten, sich über Land und Leute sowie die dortigen Regeln und Normen für ein freundliches und angemessenes Miteinander zu informieren.

Zur sozialen Nachhaltigkeit in einer Destination gehört auch die Partizipation der Einheimischen bei der Planung und Umsetzung des Tourismus. Diese Teilhabe sollte bei der Erstellung eines Leitbilds einer nachhaltig agierenden DMO beginnen und selbstverständlich auch für die spätere Umsetzung gelten. Fehlentwicklungen, kleine oder größere Missstände, die sich im Alltagsgeschäft beobachten lassen oder von Betroffenen an die DMO herangetragen werden oder in der lokalen Presse sowie den sozialen Medien kommuniziert werden, sollten auch unter Beteiligung oder in Absprache mit Einheimischen angegangen werden – die Förderung der Tourismusakzeptanz sollte zu einem Handlungsfeld bei Destinationen in demokratischen Gesellschaften gehören. (mehr im Kapitel 7)

Die große Zahl der im Tourismus Arbeitenden muss im Hinblick auf ihre Erwartungen an die Berufstätigkeit mindestens in zwei Gruppen unterteilt werden. Als ein maßgebendes Kriterium bietet sich die Unterscheidung an, wo der Großteil der Berufstätigkeit stattfindet – in einer Destination oder am Standort eines international agierenden Tourismusunternehmens? Destinationen werden oftmals von sehr vielen Klein- und mittelständischen Betrieben geprägt. In Familienbetrieben ist die Arbeitsbelastung besonders stark. „In kleinen Unternehmen müssen oft wenige Beschäftigte viele Funktionen und Aufgaben – und das über eine normale 40-Stunden-Woche hinaus – übernehmen“ (BEYER 2017, S. 212). Diese Selbstausbeutung kann auch emotional motiviert geschehen, dass man nicht beispielsweise nicht derjenige bzw. diejenige sein möchte, der/die ein kleines Hotel, das in der x-ten Generation geführt wird, aufgibt. Überlastung, Ausbeutung und auch menschenunwürdige Verhältnisse gehören samt prekären Lebensbedingungen durch Arbeiten im Niedriglohnsektor auch zur Praxis des Tourismus (mehr in Kapitel 4.3).

Dagegen ist die Situation für die Mitarbeiterinnen und Mitarbeiter an den Unternehmensstandorten der Reisebranche in der Regel entschieden besser, soziale Nachhaltigkeit und CSR werden dort gegebenenfalls als Teil der Firmenphilosphie zu einer Verpflichtung für die Geschäftsführung. Da können Erwartungen nach einer sinnerfüllenden und zufriedenstellenden Beschäftigung, nach einer fairen Bezahlung, einer persönlichen Entwicklung, einer Karriere und gesicherten Lebensverhältnissen erfüllt werden. „Im Idealfall – sozial nachhaltig – bestätigen sich die Erwartungen aller Beteiligten. In der Realität jedoch bleiben viele Erwartungen unerfüllt, woraus die Konflikte resultieren“ (BEYER 2017, S. 212f.). Dies gilt für alle drei oben skizzierten Großgruppen der Reisenden, der Bereisten und der im Tourismus Arbeitenden.

4.2 Welten treffen aufeinander

Der Tourismus lässt Welten aufeinandertreffen und dies in besonderem Maße, wenn es um Reisen in die sogenannten „Tropenparadiese“ geht. Damit begegnen sich Menschen aus verschiedenen Kulturen und aus unterschiedlichen wirtschaftlichen Verhältnissen – die einen können sich einen Urlaub in einer Destination viele tausend Kilometer entfernt leisten, die anderen haben kaum eine Chance, zu einer vergleichbaren Reise aufzubrechen oder oftmals noch nicht einmal im Binnentourismus in ihrem Heimatland unterwegs zu sein. Ist das gerecht?

Die Forderung des SDG 10 nach weniger Ungleichheiten bezieht sich u.a. auch auf diese Frage, diesen Gegensatz, der zwischen den Lebensbedingungen und der wirtschaftlichen Situation der Bevölkerung einer Industrienation und derjenigen eines Entwicklungslands besteht. Es geht dabei um die intergenerationelle und intragenerationelle Gerechtigkeit.

Die Aussage „Wir haben die Erde von unseren Kindern nur geborgt" betrifft die intergenerationelle Gerechtigkeit. Als vermutlich meist genutztes Zitat aus dem Brundtland-Bericht erscheint es in nahezu allen Publikationen zur Nachhaltigkeit: „Nachhaltige Entwicklung ist eine Entwicklung, die gewährleistet, dass künftige Generationen nicht schlechter gestellt sind, ihre Bedürfnisse zu befriedigen, als gegenwärtig lebende." (PUFÉ 2017, S. 42) Dieser weit in die Zukunft gerichtete Generationenvertrag hat „eine dauerhafte Erfüllung der Grundbedürfnisse aller Menschen weltweit unter Berücksichtigung der Tragekapazität der natürlichen Umwelt sowie der Konfliktlinien zwischen Umwelt- und Naturschutz, Armutsbekämpfung und Wirtschaftswachstum" (a.a.O.) zum Ziel. Der Zwang zur Einschränkung ist für zukünftige Generationen jedoch heute schon absehbar: „Auch hier lässt sich feststellen, dass die ökologischen Systeme heute schon teilweise eine Übernutzung aufweisen, die diesen Grundsatz in Frage stellt: z.B. wachsende Luftbelastung, die teilweise zu gesundheitlichen Beeinträchtigungen führt oder der Klimawandel bzw. der teilweise dramatische Rückgang der Biodiversität, mit allen Gefahren und Kosten, die sie verursachen. Insofern ist auch die intergenerationelle Gerechtigkeit gegenwärtig nicht gewährleistet" (HAUFF 2021, S. 151).

Das „auch" in diesem Zitat bezieht sich auf die intragenerationelle Gerechtigkeit, die ebenso als ein in die Ferne rückendes Ziel betrachtet werden muss. Die Wirtschaftswissenschaft hat dabei die Einkommens- und Vermögensverhältnisse im Fokus, an denen sich die unterschiedlichen Situationen heute lebender Generationen mit Zahlen belegen lassen. „Hinsichtlich der intragenerationellen Gerechtigkeit lässt sich feststellen, dass in den letzten beiden Dekaden in den meisten Ländern weltweit die Einkommens- und Vermögensdisparitäten zugenommen haben. ... Im Kontext nachhaltiger Entwicklung geht es jedoch nicht nur um die materielle Verteilung von Einkommen und Vermögen, sondern z.B. auch um Gerechtigkeit im Bildungs- und Gesundheitssektor, also um Chancengerechtigkeit. ... Somit ist festzustellen, dass die Einkommens- aber auch Vermögensdisparitäten tendenziell zunehmen, was der intragenerationellen Gerechtigkeit widerspricht" (HAUFF 2021, S. 150f.).

Als jüngstes Beispiel für eine fehlende intragenerationelle Gerechtigkeit wären die sehr unterschiedlichen Situationen für die Bevölkerungen in vielen Staaten während und nach der Coronapandemie zu sehen – von der medizinischen Versorgung über finanzielle Hilfen durch die Ausfälle von Arbeits- und Einkommensmöglichkeiten bis hin zu anderen Notsituationen. Die Reisebeschränkungen bis -verbote verursachten für viele Berufsgruppen im Tourismus global existentielle Probleme und die Chancen, aus diesen herauszukommen, sind auch nicht gerecht verteilt.

4.3 Von Landnutzungskonflikten bis zu Arbeitsbedingungen

Vertreibung oder Ausschluss der einheimischen Bevölkerung von bestimmten Flächen, die besonders attraktiv und wichtig für den Tourismus sind, sind vielerorts zu beobachten. „Speziell für die Touristen genutzte und gegen die Einheimischen abgeschirmte Infrastruktur beschränkt die Bewohner einer Region in ihrer wirtschaftlichen und sozio-kulturellen Entfaltung" (KIRSTGES 2020, S. 59). Die Strandnähe oder Lage an Seeufern haben sich – wenn sie nicht schon seit langem mit privaten Immobilien bebaut sind – im Tourismus aktive Bauherren oder Investoren gesichert. Aber nicht nur die Top-Lagen, die inzwischen alle bebaut und erschlossen sein dürften, auch legale bebaubare Flächen in Randlagen können durch Vorgaben der Landschaft und Natur kaum mehr zur Verfügung stehen. Mit der Vereinnahmung von Stränden und anderen Küstenbereichen durch den Tourismus können auch wirtschaftliche Aktivitäten der Einheimischen eingeschränkt werden, die auf den Zugang zum Meer angewiesen sind, wie die Fischerei.

Ein gravierender Mangel an Bauland betrifft oftmals die Einheimischen, die gegen finanzstarke Investoren kaum eine Chance haben, ein Haus für die Familie zu errichten. Die besten Grundstücke dürften ohnehin schon mit Hotels, Resorts, Golfplätzen und anderer touristischer Infrastruktur bebaut sein. In bestimmten Landschaftsformen, wie beispielsweise im Hochgebirge, schränken natürliche Gefahren durch Hochwasser und Überflutungen in den Tallagen, Lawinen, Steinschlag, Bergstürze und Hangrutsche in den höher gelegenen Hängen eine Bebauung sehr ein – in den sichersten Lagen errichtete man einst die Dörfer, deren Wachstum die Topografie schnell Grenzen setzen konnte. Heutzutage kann man davon ausgehen, dass in den Alpentälern längst alle möglichen und zusätzlich sicherbaren Flächen bebaut sind und für Einheimische kaum eine Chance auf den Neubau eines Eigenheims besteht.

Andere Ursachen für die Vertreibung der einheimischen Bevölkerung aus ihren angestammten Stadtvierteln sind eine Folge von Kurzzeitvermietungen, z.B. Airbnb und andere Portale im Zusammenhang bzw. verstärkt durch den Overtourism (mehr in → Kap. 4.1 und → Kap. 4.4).

Der Mangel an Bauland kann dort, wo Korruption herrscht, sogar zur „Umwidmung" von Flächen führen, die eigentlich unter Naturschutz stehen. Da werden aus ökologisch wertvollen Räumen attraktive Standorte für Hotelanlagen oder andere touristische Infrastruktur, z.B. Golfplätze – unter dem Deckmäntelchen der Wirtschaftsförderung für die Region bzw. Destination und natürlich zur Bereicherung der korrupten Entscheider. Werden diese Machenschaften nicht mehr gedeckt und können andere Gruppen wieder den Naturschutz durchsetzen, bleiben mancherorts jedoch die Bauruinen in der Landschaft stehen.

Box | Zunahme von Gefahren durch den Bauboom an Küsten

„Der massive Verlust an Vegetation und die Betonierung der Küstenabschnitte führe vielerorts zu Erosion und verringere die Fähigkeit der Landschaft zur Aufnahme von Niederschlägen. Vor dem Hintergrund des Klimawandels und zunehmender Unwetter wachse laut Greenpeace so die Überschwemmungsgefahr."
(KIRSTGES 2020, S. 59f.)

In klimatisch trockenen Regionen kann die Konkurrenz um das knappe Trinkwasser für Konflikte sorgen, bei denen die einheimische Bevölkerung eher das Nachsehen hat – für die Mittelmeerregion ein häufig anzutreffendes Problem. Dies verstärkt sich noch, wenn die winterlichen Regenfälle die Wasserspeicher, zum einen das Grundwasser, zum anderen eventuell vorhandene Stauseen, nicht in dem gewünschten Maße auffüllen. Aber auch die Kanarischen Inseln kennen das Problem: „Die Wasserstaubecken auf Teneriffa waren 2011/12 aufgrund der geringen Niederschlagsmenge und des hohen Wasserverbrauchs im Sommer nur zu einem Viertel gefüllt, wobei sie zur Winterzeit im Normalfall einen Wasserstand von mindestens drei Viertel oder mehr aufweisen müssen. Die 21 Wasserbecken auf Teneriffa haben ein Fassungsvermögen von ca. 5 Mio. Kubikmeter; bis Februar 2012 hatten sich darin jedoch nur ca. 1,2 Mio. Kubikmeter Wasser gesammelt“ (KIRSTGES 2020, S. 69).

Wenn auch die nachfolgenden Zahlen aus den Jahren 2014/15 stammen, so vermitteln sie doch eine Vorstellung vom Wasserverbrauch durch den Touristen. „Zwar benötigen die Menschen auch zuhause Wasser, doch ist ihr Wasserverbrauch auf Reisen nachweislich höher. Der direkte Wasserverbrauch in den Unterkünften liegt zwischen 84 und 2425 Litern pro Tourist pro Tag. Er beinhaltet den persönlichen Wasserbedarf, Swimmingpools, die Bewässerung von Grünanlagen, etc. Im Rahmen von Freizeitaktivitäten kommen noch einmal 10 bis 875 Liter pro Übernachtung hinzu. Des Weiteren entfallen auf Nahrungsmittel nochmals im Schnitt 6000 Liter Wasser pro Tourist pro Tag“ (TOURISM WATCH 2015).

Die Situation in Entwicklungsländern, vor allem in denjenigen mit einer von Natur aus unsicheren bis mangelhaften Wasserversorgung, kann bei attraktiven Destinationen – den sogenannten „Tropenparadiesen“ – zu schwerwiegenden Konflikten für die einheimische Bevölkerung führen, wie es am Beispiel von Nungwi Beach auf Sansibar kurz skizziert werden soll. Der oberste Grundwasserhorizont wurde durch Wasserentnahmen derart gesenkt, dass das Salzwasser des Indischen Ozeans in diese Schicht eindringen konnte. Damit wurde das Wasser als Trinkwasser für Einheimische unbrauchbar. Die Betreiber der Hotelanlagen besaßen die finanziellen Mittel, durch Bohrungen an das notwendige Wasser zu gelangen und sich somit autark zu machen. „This inequity between hotels and local residents has resulted in conflict, with hotel water pipelines being cut by residents, which has then resulted in hotels hiring guards to protect them“ (TRANSFORMING TOURISM o.J.b).

Das Abgeschnitten werden von sauberem Trinkwasser kann bis hin zu gesundheitlichen Gefährdungen der einheimischen Bevölkerung führen und einer Ausdehnung unhygienischer Verhältnisse und als einer Folge einem verstärkten Aufkommen von Krankheiten. Diese weit verbreiteten Ungleichheiten bis Ungerechtigkeiten hat das SDG 6 im Fokus.

Box | Herausforderungen für eine gerechte Wasserversorgung

„Universal availability and access to pure water supplies for all is a human right. It should be enshrined as such in any government policies regarding water and sanitation. It should be the duty of all citizens and

law enforcement agencies to maintain these rights to the utmost of their abilities.
Improvements will be gained where there is close collaboration between all users of water and a common sense of purpose regarding access, sustainability and conservation. Close monitoring and inspection regimes will be essential in this process, together with properly understood sanctions for violations of codes. A healthy tourist industry will be one that plays its part in supporting sound water policies across the globe.“ (TRANSFORMING TOURISM o.J.b)

Als mögliche Strategien für eine gerechtere Verteilung der begrenzten Ressource Trinkwasser und damit den Anforderungen des SDG 6 zu genügen, seien einige bereits praktizierte Herangehensweisen bzw. mögliche Wege genannt:

- Ansatz Politik: Sensibilisierung für den nachhaltigen Umgang mit lebenswichtigen Ressourcen wie dem Trinkwasser, Initiierung eines entsprechenden gesetzlichen Schutzes inklusive Kontrollmechanismen, Verhindern von Korruption bei Zugängen zum Grundwasser – kein ungenehmigtes und geregeltes Bohren insbesondere zur gewerblichen Nutzung auf Privatgrundstücken, Trinkwasser als gemeinschaftliches Gut
- Ansatz lokale Verwaltungen: Kontrolle der Umsetzung von Vorschriften/Gesetzen und Sanktionen bei ihrer Nichtbeachtung
- Ansatz Hotellerie: Nutzung aller technischen Möglichkeiten zur Reduzierung des Wasserverbrauchs, Wassermonitoring, Speicherung und Nutzung von Regenwasser für die Bewässerung von Grünanlagen, Information/Aufklärung der Gäste
- Ansatz lokales Baurecht: Regelungen zur Erschließung von Trinkwasser und seine Nutzung, Speicherung von Regenwasser, Wassermanagement, Begrenzung der Größen von Swimming Pools abhängig von der Bettenzahl eines Hotels oder Ferienhäusern
- Ansatz Destination: Berücksichtigung der Wasserproblematik im Management sowie den Angeboten, z.B. kritisches Hinterfragen eines Ausbaus des Golftourismus
- Ansatz Wasserschutz: Stärkung des Naturschutzes

- Ansatz Bewusstseinsbildung: Information/Aufklärung der Einheimischen wie der Gäste, Stärkung sozialer und ökologischer Nachhaltigkeit
- Ansatz Verhaltensänderung: Information/Aufklärung der Einheimischen sowie der Gäste, Anreize zum Wassersparen, Kontrolle der alltäglichen Praxis durch Einheimische und Gäste – Kommunikation guter Beispiele

Die Arbeitsbedingungen im Tourismus müssen in diversen Bereichen als problematisch in verschiedener Hinsicht bezeichnet werden. Hierzu gehört beispielsweise die Zimmerreinigung in den Hotels im Akkord, die früher oder später zu gesundheitlichen Problemen beim Housekeeping-Personal führt und dann nur noch mit Hilfe einer permanenten Einnahme von Schmerzmitteln zu bewältigen ist.

Box | Zimmerreinigung im Akkord

Ein Beispiel, das stellvertretend für unzählige andere und aktuellere in den Destinationen steht, wirft ein Schlaglicht auf die Ausbeutung und die prekären Arbeitsbedingungen für Zimmermädchen auf den Kanaren. Sie demonstrierten von Juni bis September 2018 gegen ihren Arbeitsalltag. „Die Arbeit sei zu anstrengend und die Vorgaben (zu putzende Zimmer je Zeiteinheit, z.B. 20 Zimmer in 6 Stunden = knapp 20 Minuten pro Zimmer) zu hoch, so dass viele Beschäftigte auf den Kanaren unbezahlte Überstunden leisten müssen, um ihren Job nicht zu gefährden."
(KIRSTGES 2020, S. 27)

Grundlegendes über die Arbeitsbedingungen auf den Kreuzfahrtschiffen gehört inzwischen zum Allgemeinwissen nicht nur in der Tourismusbranche. „Sieben Arbeitstage pro Woche mit bis zu 80 Wochenstunden aufgrund von Tagesarbeitszeiten von zehn bis vierzehn Stunden sind jedoch in der Realität übliche Arbeitsbedingungen für das Servicepersonal auf Schiffen – bei im Vergleich zu deutschen Lohnstandards weit unterdurchschnittlicher Bezahlung. Zusammenhängende Arbeitseinsätze von sechs bis zehn Monaten sind keine Seltenheit" (KIRSTGES 2020, S. 35). Wie die zu leistenden Arbeiten konkret aussehen können, ist in KIRSTGES 2020, S. 35ff. nachzulesen. Die Reedereien können für derartige Ausbeutung ein legales Mittel nutzen: Ihre Schiffe fahren beispielsweise nicht unter deutscher Flagge, denn dann würden für die Mitarbeitenden das deutsche Arbeitsrecht gelten, sondern man fährt unter der Flagge von Panama, Malta, den Bahamas oder Bermudas. „Durch das Ausflaggen profitieren Kreuzfahrtunternehmen also sowohl von günstigeren Steuern als auch von weniger strengen Arbeitsgesetzen" (KIRSTGES 2020, S. 34).

Die Saisonalität im touristischen Geschäft – sei es an Land oder auf den Ozeanen – kann die Mitarbeiterinnen und Mitarbeiter zwingen, in der Hochsaison soviel verdienen zu müssen, dass sie auf diese Weise eine finanzielle Rücklage für ihre Nicht-Beschäftigung in der Nebensaison erarbeiten. Noch stärker wird der Druck, wenn ganze Familien von diesem Einkommen abhängen. Dass solche Arbeitsbedingungen die Grenzen der Selbstausbeutung bzw. der Ausbeutung durch Arbeitgeber überschreiten können, liegt nahe.

Mit welchen Maßnahmen ließe sich soziale Nachhaltigkeit auf dem touristischen Arbeitsmarkt stärken oder überhaupt erst einmal für die Arbeitenden einführen? Die nachfolgende Liste ließe sich noch verlängern!

- Kein Ausflaggen von Kreuzfahrtschiffen, damit bessere Standards für die Mitarbeitenden gelten
- Faire Mindestlöhne, keine Arbeitszeiten und andauernde körperliche Belastungen, die zu gesundheitlichen Schäden führen
- Möglichkeiten einer sozialen Absicherung schaffen – nicht nur im Hinblick auf die Saisonalität, sondern auch mit Blick auf drohende Altersarmut
- Aufgabe von Politik und Verwaltung vor Ort die Durchführung von effektiven Kontrollen und gegebenenfalls Konsequenzen bzw. Strafen
- Bekämpfung der Korruption
- Großunternehmen zu Corporate Social Responsibility (CSR) nicht nur am Verwaltungssitz, sondern dafür auch in den Destinationen „motivieren"
- Die Preis-Leistungsverhältnisse überprüfen und gegebenenfalls zu Gunsten der Arbeitskräfte im Tourismus nach oben korrigieren
- Bewusstsein bei den Touristinnen und Touristen schärfen, auf wessen Kosten ihr Urlaub geht; die Grundeinstellung „Geiz ist geil" ist egoistisch und asozial.

4.4 Overtourism und Ansätze, ihn in Grenzen zu halten

Massentourismus kennt seit Mitte der 2010er Jahre noch eine Steigerung, nämlich den Overtourism. Die Anfänge waren eng mit drei Zielen des Kreuzfahrttourismus im westlichen Mittelmeer verbunden – in alphabetischer Reihenfolge mit Barcelona, Dubrovnik und Venedig. Inzwischen kann Overtourism auch als Heimsuchung in kleinsten Gemeinden, wie z.B. dem österreichischen Hallstatt, einem Dorf mit weniger als 800 Einwohnern, auftreten. Als Kulisse der südkoreanischen Netflix-Serie „Spring Waltz“ (2006), die schließlich wenige Jahre später zu einer Kopie des Ortskerns als Hallstatt in China führte, wurde die Aufmerksamkeit auf das Original im Salzkammergut gerichtet und es zu einem angesagten Reiseziel asiatischer Touristen auf einer Europatour. Eine zusätzliche Attraktivität und Verstärkung der Reiseströme erfolgte bereits 1997 durch die Ernennung zur UNESCO Welterberegion Hallstatt Dachstein Salzkammergut.

Webtipp | Hallstatt und der Overtourism – Fluch und Segen für ein Dorf

🔗 https://www.tagesschau.de/wirtschaft/hallstatt-tourismus-oesterreich-100.html
🔗 https://www.zdf.de/nachrichten/politik/ausland/overtourism-oesterreich-hype-um-hallstatt-100.html
Mehr über die chinesische Kopie des österreichischen Dorfes Hallstatt finden Sie hier:
🔗 https://de.wikipedia.org/wiki/Hallstatt_%28China%29

Das Beispiel von Hallstatt „Original“ gibt mit seinem Gegensatz von ca. 800 Einwohnern und bis zu 10.000 Besuchern an Spitzentagen bereits eine Ahnung von der Problematik, die mit dem Overtourism verbunden ist. „Nach dem Begriffsverständnis der United Nations World Tourism Organisation (UNWTO) kann von Overtourism gesprochen werden, wenn die Auswirkungen des Tourismus in einer Destination die wahrgenommene Lebensqualität der Bewohner und/oder die Aufenthaltsqualität der Besucher negativ beeinflusst“ (KAGERMEIER 2021, S. 20f.).

Seit den 1990er Jahren lässt sich eine verstärkte Nachfrage nach Städten als Urlaubsdestinationen beobachten; „inzwischen finden 45 % der globalen internationalen Reisen in Städten statt – Tendenz steigend“ (KAGERMEIER 2021, S. 23). Mit den wachsenden Touristenzahlen geht eine zunehmende

Ablehnung in der einheimischen Bevölkerung einher, weil sich ihre Lebensbedingungen, wenn sie nicht vom Touristenaufkommen profitieren, in mehrfacher Hinsicht zum Negativen entwickeln.

Die Bedeutung einer Stadt als Hafen für den Kreuzfahrttourismus – von Barcelona, Dubrovnik, Venedig bis Palma de Mallorca u.a., aber auch die Attraktivität von Großstädten und Metropolen mit ihrem kulturellem Reichtum und ihrem Image, wie beispielsweise Amsterdam, Berlin, Kopenhagen oder Wien sind Beispiele dafür, dass Overtourism vor allem ein Problem des Städtetourismus ist.

Das verstärkte Wachstum des Großstadttourismus zeigt sich in den Übernachtungszahlen (in Berlin in den letzten 25 Jahren eine Vervierfachung, Anstiege um das Dreifache in Hamburg und Barcelona), wobei es sich hier um die registrierten Übernachtungen in gewerblichen Beherbergungsbetrieben handelt und gerade diejenigen in den Privatunterkünften, die über Plattformen wie Airbnb, booking.com etc. vermittelt werden, kaum bis gar nicht erfasst werden – aber gerade für den Overtourism sehr relevant sind. Ebenso müssen die Tagestouristen erwähnt werden, und darunter insbesondere die Landgänge der Passagiere von Kreuzfahrtschiffen. Als Beispiele mögen Dubrovnik und Venedig dienen: In der Saison 2018/19 verzeichnete Dubrovnik ca. eine Million Übernachtungsgäste und ca. 800.000 Kreuzfahrtgäste als Tagesbesucher, in Venedig waren es im selben Zeitraum ca. 6 Millionen Übernachtungsgäste und rund 1,6 Millionen Besucher von den Kreuzfahrtschiffen (vgl. KAGERMEIER 2021, S. 50).

Box | Kreuzfahrttouristen – eine unbeliebte Großgruppe

„Kreuzfahrttouristen zeichnen sich dadurch aus, dass sie zu bestimmten Stoßzeiten massiert in den Städten auftreten und sich im Wesentlichen auf die zentralen Highlights der Stadt konzentrieren. Gleichzeitig induzieren sie nur eine sehr begrenzte Wertschöpfung, da sie ihre Mahlzeiten auf den Kreuzfahrtschiffen einnehmen, dort auch übernachten und auch kaum Gelegenheit für längere Einkäufe in den Hafenstädten haben." (KAGERMEIER 2021, S. 20)

Zu den allgemeinen Auswirkungen des Overtourism gehören folgende Erscheinungen:

- Überfüllte Altstadtgassen und Plätze sowie Massenandrang an den Sehenswürdigkeiten (größere Gefahr von Beschädigungen der historischen Bausubstanz).
- Verlust von Wohnraum für die einheimische Bevölkerung, da die Kurzzeitvermietung als Ferienappartements über die Buchungsplattformen finanziell lukrativer ist.
- Dadurch werden angestammte Wohnviertel zunehmend unattraktiver für die Einheimischen: Aufweichen des vertrauten sozialen Gefüges; der Einzelhandel für ihren alltäglichen Bedarf wird durch Geschäfte und andere Dienstleistungen für die Bedürfnisse der Touristen (Souvenirs, Fast Food) ersetzt. Bei umsatzstärkeren Geschäften lassen sich auch höhere Mieten durchsetzen.
- Allgemeiner Preisanstieg durch zahlungskräftigere Touristen.
- Aufeinandertreffen unterschiedlicher Erwartungen seitens der Einheimischen und vor allem der jüngeren Übernachtungsgäste, die beispielsweise in ihrem Urlaub die Nächte durchfeiern wollen (stärkere Lärmbelästigung in eng bebauten Altstädten); unangemessenes Verhalten während des Tages (Sitzen und Picknicken überall).
- Müllproblem; Überlastung der Infrastruktur, die nicht auf eine so große Nachfrage ausgerichtet ist, daraus können sich ökologische Probleme bei der Entsorgung geben.

Verschiedene Faktoren sind für die Entwicklung des Overtourism verantwortlich – nicht nur in den Destinationen mit Kreuzfahrthäfen. Im allgemeinen Reiseverhalten ist ein Trend zu mehr Kurzurlauben zu beobachten: Billigflieger machen den Kurztrip in fernere Destinationen, beispielsweise europäische Metropolen attraktiv und bezahlbar, die Buchungsplattformen wie Airbnb liefern dazu die preiswerten Unterkünfte. Hinzu kommt der Trend des New Urban Tourism mit seiner Suche nach dem „echten, authentischen“ Stadtleben einer angesagten Großstadt, der ebenso durch Airbnb etc. mit gefragten Quartieren in den „richtigen“ Stadtbezirken oder Szenevierteln gestärkt wird. Die Smartphones und der Drang zur Selbstdarstellung in den sozialen Medien können viral neue Reiseziele in den Fokus rücken, so dass für viele dann das Selfie an diesem Ort – sei es einem angesagten Platz in einer Stadt oder einem „Geheimtipp“ irgendwo in der Landschaft unbedingt zur nächsten Reise gehören müssen und sich somit zur Keimzelle eines weiteren Overtourism entwickeln könnten.

Wenn auch ein Zuviel an Touristen – egal ob mit oder ohne Übernachtung – in den Destinationen aufgrund der örtlichen Bedingungen unterschiedlich bewertet wird und die Grenzen der Belastbarkeit sich unterscheiden, so ist das Management des Overtourism für die Destinationen unumgänglich.

Ein Versuch, den Touristenansturm zu reduzieren, wurde 2024 in Venedig eingeführt: An einigen Tagen, die eine hohe Frequentierung erwarten ließen, wurde eine Eintrittsgebühr für die Altstadt und die Buchung eines Besuchszeitraums gefordert. Eine erste Bewertung der Aktion aus der Tagesschau vom 6.5.2024:

Box | Tagesbesucher lassen Venedigs Einnahmen sprudeln

„Als eine der ersten Städte der Welt verlangt Venedig von Tagesbesucherinnen und -besuchern seit vergangener Woche Eintritt. Doch die Gebühr von fünf Euro scheint sie nicht abzuschrecken: Die Einnahmen aus dem Eintrittsgeld haben die Erwartungen der Stadtverwaltung übertroffen. Wie der Corriere della Sera berichtet, wurden innerhalb von acht Tagen rund 700.000 Euro eingenommen. Dieser Betrag war eigentlich für die gesamte Dauer der Erprobungsphase von 29 Tagen veranschlagt worden. Seit der Einführung hätten fast 145.000 Menschen die Eintrittskarten gebucht."
(TAGESSCHAU 2024)

Die Tourismuswissenschaft, aber auch die UNWTO beschäftigen sich mit Ansätzen, den Overtourism in den Griff zu bekommen. Limitieren und Lenken werden dabei als erste Strategien genannt, wie beispielsweise in der Studie „Coping with success. Managing overcrowding in tourism destinations" von McKinsey (2017). „Auch diese Vorschläge zielen letztendlich nur auf eine Reduzierung bzw. gleichmäßige räumlich Verteilung der Besucher. Der Ruf nach Limitierung ist dabei eine fast reflexartige Reaktion, ..." konstatiert KAGERMEIER (2021, S. 140) und führt fort: „Zu umfassenden Managementstrategien zählen sicherlich das Phänomen deutlich umfassender angehende Ansätze."

Eine vom Europäischen Parlament in Auftrag gegebene Studie empfiehlt dem Ausschuss für Verkehr und Tourismus (TRAN), der die europäische

Tourismuspolitik überwacht, u.a. folgende Maßnahmen im Hinblick auf den Overtourism:

- Overtourismus systematischer zu erforschen und dabei auch ländliche Reiseziele und das Kulturerbe einzubeziehen.
- Daten über die Zahl der Touristen und Tagestouristen und die Anteile von Airbnb und anderen neuen Unterkunfts- und Verkehrsformen auf den Europäischen Ebenen zu ermitteln.
- Debatten über das Tourismuswachstum in Destinationen anzuregen, mit dem Ziel, qualitative Elemente der Tourismusentwicklung stärker in den Fokus zu rücken und sich nicht nur auf den Anstieg von Besucherzahlen zu beschränken.
- Diskussionen über die Steuerung von Plattformen der Sharing Economy wie Airbnb, die als Akteure weitgehend außerhalb der Kontrolle von Reisezielen und Entscheidungsträgern liegen.
- Ein regelmäßiges Einbeziehen nicht nur der Interessenträger, sondern auch der Einwohner in die Tourismusplanung und -entwicklung.
- Die „Überwachung der Stimmung sowohl bei Touristen als auch bei Gastgebern und (anderen) Einwohnern zu fördern, um früh vor sich entwickelnden psychologischen und sozialen Formen von Overtourism warnen zu können."
- Einrichtung einer EU-weiten Arbeitsgruppe für Overtourism. „Die Arbeitsgruppe sollte der Europäischen Kommission Bericht erstatten, Empfehlungen für das Management bereitstellen, die aus einem konstruktiven Dialog zwischen allen Beteiligten hervorgehen, und ein Überwachungssystem zur Erkennung der Ursachen und Auswirkungen von Overtourism entwickeln."

(vgl. EUROPÄISCHES PARLAMENT 2018)

Abb. 15: Tallinn und der Menschenstrom vom Hafen zum Rathausplatz

Die Managementansätze der UNWTO aus dem Jahr 2018 umfassen elf Strategien zum Umgang mit dem Overtourism in Städten basierend auf einer Studie von KOENS und POSTMA von 2017 (vgl. KAGERMEIER 2021, S. 146ff.). „Dabei scheint die Zusammenstellung relativ pragmatisch, ohne auf einen übergeordneten theoretisch-konzeptionellen Ansatz Bezug zu nehmen“ (a.a.O., S. 147).

Auf die Ansätze, die explizit die lokale Bevölkerung einbeziehen und somit einen Beitrag zur sozialen Nachhaltigkeit leisten könnten, soll im Folgenden kurz eingegangen werden. Die räumliche Entzerrung und Lenkung der Besucherströme stehen auch hier an erster Stelle. Bei einem Wegführen der Besucher von den üblichen „ausgetretenen“ Pfaden stellt sich die Frage, ob dadurch nicht Wohnquartiere stärker in den Fokus gerückt werden und somit „das Störungsgefühl bei den Bewohnern erhöht wird, so dass eine kontraproduktive Wirkung erzielt wird“ (a.a.O., S. 148). Die Rückzugsräume der Einheimischen – „wo man noch unter sich sein kann“ – würden auf diese Weise gestört; doch die Gefahr könnte ohnehin schon gegeben sein, wenn in diesen Stadtteilen bereits Privatvermietungen durch Airbnb verbreitet sind, die für die direkte Nachbarschaft auffallen. „Die Begegnung mit unbekannten Besuchern in den Treppenhäusern oder das

Feiern von Personen in der Wohnung nebenan gilt als Eingriff in ihre eigene Privatsphäre“ (a.a.O., S. 150).

Eine zeitliche Entzerrung ist leicht gefordert, aber schwierig umzusetzen; wenn die Hauptsaison der freizeitorientierten Stadttouristen ohnehin schon von den Osterferien bis in den Herbst hinein reicht und dann eventuell in der Adventszeit mit den Weihnachtsmärkten noch einmal zu einem kleinen Zwischenhoch führt. Grundsätzlich spielen aber Wetter und Witterung eine große Rolle für den privaten Stadtbesuch, denn zum Erleben der spezifischen Atmosphäre einer Stadt gehören auch die Aufenthalte untere freiem Himmel, im Straßencafé, im Restaurant mit Außengastronomie, um in das Typische dieser Altstadt, dieses Platzes oder Boulevards eintauchen zu können. Es könnte erstrebenswert sein, dass es im Jahreslauf des auch Zeiten ohne Touristen gibt. „Auch aus der Perspektive der Bewohner und Beschäftigtenn im Tourismus erschein es durchaus plausibel, dass – genauso wie Rückzugsräume zu erhalten sind – auch ‚Ruhephasen‘ im Jahresablauf vorhanden sind. In diesem Fall gehört dann die Stadt wieder ganz den Bewohnern“ (a.a.O., S. 154).

Zu den diversen Strategien der Limitierung von Besuchermassen kann die städtische Bauplanung durch die Auswahl der Standorte neuer Beherbergungsbetriebe gehören, bei denen nicht nur das Kriterium der Erreichbarkeit für das Auto gehört. Die Zunahme von Privatquartieren gehört im Unterschied zu Hotelneubauten zur permanenten Herausforderung, weil hierbei die Interessen der einheimischen Bevölkerung in stärkerem Maße betroffen sind. Dazu gibt es bereits in Städten Maßnahmen, den Wildwuchs bei dieser Übernachtungsmöglichkeit zu minimieren. Einschränkungen in der Nutzung des privaten Wohnraums für gewerbliche Zwecke werden teilweise bereits praktiziert; Grundlage für effektive Maßnahmen wäre hier erst einmal die systematische Erfassung aller Airbnb-Quartiere.

Das Beispiel von Eintrittspreisen, um Besuchermassen zu limitieren, hat Venedig (⟶ Box) bereits vorgemacht und damit eine neue Einnahmequelle „entdeckt“. Doch wer lässt sich davon schon abhalten, wenn er auf einer nicht ganz preiswerten Kreuzfahrt unterwegs ist? Für wie viele potenzielle Tagesbesucher ist ein Eintrittsgeld für eine Altstadt ein Hinderungsgrund? Was verändert sich dadurch für die verbliebenen Bewohner der Lagunenstadt?

Kann eine Segmentierung der Zielgruppen für die städtischen Destinationen mit Overtourismus ein erfolgversprechender Ansatz sein, der den Bedürfnissen der Einheimischen gerecht werden würde? Ein Demarketing für die Gruppe jüngerer Personen und Partytouristen würde sicherlich auf eine breitere Zustimmung stoßen, Ähnliches auch bei den Besuchermassen aus den Kreuzfahrtschiffen, die kaum Geld in der Hafenstadt lassen. „Destinationen, die sich jahrelang als Low Cost- und Partydestinationen positioniert haben, werden es schwer finden, sich entsprechend erfolgreich umzuorientieren und jetzt eine ganz andere Klientel anzusprechen" (a.a.O., S. 160). Allgemein gilt es, Angebote zu schaffen, die mit den Bedürfnissen und Erwartungen der Einheimischen in Einklang gebracht werden können.

Dies führt zu der Herausforderung, den Nutzen des Tourismus für die lokale Gemeinschaft, seine wirtschaftliche Rolle bzw. Bedeutung herauszustellen. So können vielleicht Verbesserungen in der Infrastruktur finanziert werden, von der auch die Einheimischen profitieren, es für ihre Freizeitgestaltung neue Möglichkeiten – Attraktionen oder Veranstaltungen – gibt und auch sie als eine Zielgruppe gesehen werden.

In der Einbindung der lokalen Bevölkerung, ihren Wahrnehmungen des touristischen Geschehens in ihrem Umfeld, ihrem Lebensraum und Alltag liegen die Herausforderungen für das aktuelle und erst recht zukünftige Destinationsmanagement. Die Zeiten laufen aus, dass Tourismusbranche und Tourismuswissenschaft die wirtschaftlichen Aspekte und vor allem den Anstieg von Besucherzahlen und Einnahmen als ihre Aufgabe und messbaren Erfolge betrachteten; inzwischen „wurde mit der Overtourism-Diskussion deutliche [sic], dass die Funktion [der Städte] als Lebensraum dabei vernachlässigt worden sind. [...] Die Herausforderung besteht zukünftig darin, zwischen den unterschiedlichen Bedürfnissen von Tourismuswirtschaft und Besuchern auf der einen Seite und der lokalen Bevölkerung auf der anderen Seite eine Balance zu suchen. Diese Perspektivenerweiterung bedeutet für die professionellen Tourismusakteure einen Paradigmenwechsel" (KAGERMEIER 2021, S. 188).

4.5 Chancen des Community-based Tourism

Ein Tourismus, der auf einer Gemeinschaft basiert, von ihr getragen wird? Der Begriff Community-based Tourism (CBT) ist sehr komplex und vieles wird mit ihm assoziiert. Der Tourismus in dieser Gemeinschaft – einem Dorf oder einer anderen räumlichen Einheit, die über eventuelle Verwaltungsgrenzen hinweg verbunden ist – soll zum Wohle der Mitglieder dieser Gemeinschaft und nicht zum Vorteil beispielsweise ausländischer Investoren stattfinden. Das setzt voraus, dass die Bevölkerung der Community an den Entscheidungsprozessen maßgeblich beteiligt ist und diese natürlich auf ihre Bedürfnisse und Interessen hinlenkt. Neben der damit verbunden sozialen Nachhaltigkeit kann auch die ökonomische für diese lokale Gemeinschaft umgesetzt werden. Zu den Vorteilen für die Einheimischen kommt auch ein Plus für diejenigen unter den Touristen, die authentische Erlebnisse und Kontakte zur Bevölkerung in ihrem Reiseziel suchen.

Box | Definition

„Community-based Tourism ist ein Sammelbegriff für Tourismus, der die Interessen der Bevölkerung berücksichtigt, diese in Planung, Durchführung und Verwertung einbezieht und zum Nutzen derselben beiträgt."
(HEUWINKEL 2024, S. 85)

CBT kann jedoch nicht per se als eine nachhaltige Form des Tourismus pauschal über den Massen- und Pauschaltourismus gestellt werden – schon von den damit verbundenen Zahlen und Volumen kann er diesen nicht ersetzen! „Die damit verbundene pauschale Abwertung des standardisierten und kommodifizierten Tourismus und die ebenfalls pauschale Aufwertung des CBT ist verkürzt. So wenig wie *der* Massentourismus immer vor allem negative Auswirkungen hat, ist CBT automatisch gut für Bevölkerung, Umwelt und lokale Wirtschaft" (HEUWINKEL 2024, S. 82).

Als Maxime für den CBT gilt eine möglichst umfassende Beteiligung der Bevölkerung einer Community/Gemeinschaft, die sich aus den vier Unterzielen Berücksichtigung, Benefit, Begegnung und Bewertung zusammensetzt. Mit diesen vier Begriffen wird Folgendes verbunden:

1. „Berücksichtigung der Interessen der lokalen Bevölkerung sowie des natürlichen Umfeldes (politisch),
2. die faire Verteilung des generierten Benefits an alle Beteiligten und Betroffenen sowie eine faire Verteilung der Kosten (ökonomisch),
3. die Begegnung zwischen Reisenden und lokaler Bevölkerung (sozial),
4. die Bewertung der Projekte"

(HEUWINKEL 2024, S. 93)

Dies umfasst wiederum die Dimensionen der sozialen, ökologischen – die ebenfalls im erstgenannten Punkt mit „natürlichem Umfeld“ einbezogen wird, dann der ökonomischen und institutionellen, d.h. politischen Nachhaltigkeit.

Der Ansatz des Community Based Tourism wird vor allem in der Entwicklungszusammenarbeit – früher: Entwicklungshilfe – umgesetzt. Eine Stärkung des ländlichen Raumes und die Erschließung neuer Einnahmequellen für die Bevölkerung eines Dorfes, einer Community werden damit angestrebt. „Das Wesen des Community Based Tourism ist, dass die einheimische Bevölkerung einer Gemeinde selbst entscheidet, **ob** und wenn **wie** sie in ihrem Ort touristische Angebote entwickeln will“ (BEYER 2017, S. 235). Da stellt sich zugleich die Frage nach den Kompetenzen in der Community beispielsweise in einem indischen Dorf, in dem sicherlich niemand ein Studium des Tourismusmanagements absolviert hat. Wer sind die Akteure, diesen komplexen Prozess zu managen und das Neue in den Alltag und das Wirtschaftsleben eines Dorfes zur Zufriedenheit der meisten Bewohner zu integrieren?

„In touristisch attraktiven Gemeinden werden meist mithilfe externer Berater im Rahmen von Projekten der Entwicklungszusammenarbeit das touristische Potenzial herausgestellt, die Infrastruktur verbessert und entsprechende Angebote kreiert. Die Gemeindemitglieder werden geschult, die Ansprüche der westlichen Touristen zu erfüllen und die Angebote im Ort selbständig zu managen. So behalten sie stets die Kontrolle über die Tourismusentwicklung im Ort und sind direkt am Betrieb beteiligt“ (a.a.O.) – soweit die Theorie. Einige Aspekte sollen die Grenzen einer Umsetzung zum Wohl aller andeuten:

- Mit gut gemeinten Vorhaben muss nicht unbedingt auch Gutes für alle erreicht werden.
- Das Engagement kann von rein egoistischen Motiven bis zum Altruismus reichen.
- Bestehende Strukturen in einer Gemeinschaft können sich auf das CBT-Projekt auswirken und einzelne Personen oder Gruppen übervorteilen oder ausschließen.
- Welche Rolle spielen Korruption oder Vetternwirtschaft in der Gemeinschaft? Wie werden allgemein Interessen durchgesetzt? Wer sind die Entscheider, wie viel Mitsprache ist üblich?

- Welche Rolle spielt die jeweilige Nichtregierungsorganisation – Community Based Tourism wird wegen seines nachhaltigen Ansatzes von internationalen Programmen zur Entwicklungszusammenarbeit gefördert und entsprechenden NGOs vor Ort umgesetzt?
- Inwieweit existieren noch offen oder unterschwellig Denkmuster, Stereotype und Verhaltensweisen aus Kolonialzeiten gerade bei den Geberländern? Beeinflussen die soziokulturellen Unterschiede die Zusammenarbeit positiv oder negativ?

Diese Aspekte deuten bereits an, dass eine breite Spanne an Hintergründen sowie Interessen bei einer großen bis unüberschaubaren Zahl beteiligter Personen mit dem CBT verbunden sein können. Hinzu kommt auch noch die Ausweitung des Tourismus in gesellschaftliche Bereiche, die vielleicht im Extremfall noch weitgehend von Subsistenzwirtschaft und nicht durch ökonomische Logiken geprägt waren (vgl. BEYER 2017, S. 158).

Hieraus ergibt sich auch die Herausforderung, spätestens wenn die Angebote erstellt wurden, diese in die Öffentlichkeit und an potenzielle Gäste in aller Welt zu bringen. „Eine Herausforderung besteht also darin, eine Internet-Plattform zu entwickeln, auf der die CBT-Angebote regional, länderbezogen oder sogar weltweit bekannt gemacht werden. Allerdings geht es nicht nur um das Marketing allein. Selbstverständlich müssen die CBT-Projekte in den oft wenig entwickelten Regionen zunächst vorsichtig und sensibel gesetzt werden. Auch wenn es sich bei den meisten Projekten um recht einfache Angebote handelt (einfache Unterkünfte im landestypischen Stil), so sind es doch komplexe, höchst unterschiedliche Probleme, die bei der Entwicklung von CBT-Projekten individuell gelöst werden müssen" (TOURISM WATCH 2011).

Box | Blicke in die Praxis – Destination Kivu Belt/Ruanda

Der Reichtum der Natur spiegelt sich u.a. in dem Nyungwe National Park, einem der ältesten Regenwälder Afrikas und dem UNESCO Biosphärenreservat Gishwati-Mukura National Park wider.
In Kooperation mit der deutschen Gesellschaft für Internationale Zusammenarbeit gefördert vom Bundesministerium für wirtschaftliche Zusammenarbeit wurde das „Promotion of Economy and Employment project" (Eco-Emploi) ins Leben gerufen. „The project aims to create jobs and strengthen micro, small and medium-sized enterprises (MSMEs)and

cooperatives in the tourism, wood and audio-visual value chains through an integrated approach to employment promotion."
Die Angebote des CBT umfassen drei Schwerpunkte für die Gäste:

1. Landwirtschaft (Tee- und Kaffeeanbau, Bienenhaltung)
2. Kultur und Alltag im ländlichen Raum (Kräutermedizin, Handwerk, Kunsthandwerk, Wasserholen, Kochen, traditionelles Tanzen)
3. Nachtfischen auf dem Kivu-See

Seit 2018 wurden 15 CBT-Initiativen in der Destination Kivu Belt gegründet, es gibt 2.377 Mitglieder (davon 45 % Frauen), 2.122 Besucher kamen zwischen März 2019 und März 2020. 30 junge Menschen mit entsprechenden Schulabschlüssen wurden als einheimische Reiseleiter ausgebildet und angestellt.
(DEUTSCHE GESELLSCHAFT FÜR INTERNATIONALE ZUSAMMENARBEIT 2021)

➲ Zusammenfassung

Unter sozialer Nachhaltigkeit sind im Tourismus die Bedürfnisse von drei Großgruppen zu betrachten: die der Reisenden, der Bereisten und der im Tourismus Arbeitenden. Zur sozialen Nachhaltigkeit in einer Destination gehört auch das Einbeziehen der lokalen Bevölkerung bei der Planung und Umsetzung von Tourismusstrategien. Insbesondere beim Overtourism erfordern die starken Eingriffe in das Lebensumfeld der Bewohner durch die Touristen einen Paradigmenwechsel im Management, dass nicht die wirtschaftlichen Aspekte Priorität haben sollten – ein Umdenken ist hier angesagt. Ein Ansatz, einheimische Bevölkerung in die touristische Entwicklung einzubeziehen, ist der im Zusammenhang mit Entwicklungszusammenarbeit geförderte Community Based Tourism.

Besondere Herausforderungen für die soziale Nachhaltigkeit kann es in Destinationen geben, wenn eine Konkurrenz um Flächen, beispielsweise um Bauland für touristische Infrastruktur zwischen Unternehmen und einer privaten Nutzung von Einheimischen besteht. Oftmals sind die Einheimischen in einer schwächeren Position, um ihre Bedürfnisse durchzusetzen. Ähnliches kann auch für die Konkurrenz um ein begrenzt zur Verfügung stehendes Grundwasser gelten.

Zu den Konfliktfeldern des Tourismus gehören oftmals auch die Arbeitsbedingungen und eine faire Bezahlung. Die intragenerationelle sowie die intergenerationelle Gerechtigkeit zählt zu den wichtigsten Handlungsfeldern eines nicht nur sozial nachhaltigen Tourismus.

➲ Reflexionsfragen

1. Seit April 2024 sind Proteste von den Einheimischen der Kanarischen Inseln auch in den deutschen Medien präsent (als Beispiel 🔗 https://www.tagesschau.de/ausland/europa/kanaren-proteste-massentourismus-100.html). In anderen Destinationen protestiert die lokale Bevölkerung schon länger gegen Massentourismus oder Overtourism. Welche Benachteiligungen und Missstände treiben die Einheimischen nicht nur auf den Kanaren zu Demonstrationen und anderen Aktionen? Auch auf Mallorca regt sich zunehmend Widerstand gegen den Tourismus.
2. Besonders kritisch sind für viele an Bord eines Kreuzfahrtschiffes Beschäftigte die dortigen Arbeitsbedingungen zu sehen. Recherchieren Sie, welche allgemeinen Kritikpunkte dort berechtigt sind! Können Sie vielleicht auch jemanden befragen, der Einblicke in die Praxis und das Innenleben einer schwimmenden Destination hat?
3. Recherchieren Sie einmal zum Thema Bauruinen in Naturschutzgebieten! Es gibt mehr Beispiele als dieses 🔗 https://www.faz.net/aktuell/gesellschaft/umwelt/spanische-hotelruine-das-monstrum-im-nationalpark-1797135.html. Wie kommt es zu solchen „Bausünden“ und was passiert in der Regel mit den Bauruinen?
4. Wie kann die Wasserversorgung in einer Mittelmeerregion durch unzureichende Niederschlagsmengen aussehen? Welche Missverhältnisse können dabei auftreten? Das Reisen werde in Zukunft noch wasserintensiver, lautet eine Aussage von Brot für die Welt. Welche Gründe sprechen dafür? Als Einstieg: 🔗 https://www.brot-fuer-die-welt.de/blog/2017-tourismus-vergroessert-wasserknappheit/
5. Recherchieren Sie für eine dieser unter Overtourismus leidenden Destinationen, mit welchen Maßnahmen die lokale Politik, Verwaltung und Institutionen dieser Missachtung der Rechte und Interessen der einheimischen Bevölkerung begegnet! Wie bewerten Sie die jeweiligen Ansätze, die Probleme in den Griff zu bekommen? Kennen Sie etwas aus eigener Anschauung?

6. Wie kann Community Based Tourism konkret aussehen? Suchen Sie nach Beispielen von Touristenführungen durch Slums, Favelas oder Townships! Wie laufen diese Touren praktisch ab? Wie viele Begegnungen inklusive Interaktionen mit den Besuchten können in der Praxis stattfinden? Wer profitiert finanziell von solchen Slumtouren; in welcher Form gibt es für Einheimische Möglichkeiten, Einnahmen zu generieren? Handelt es sich bei Slumtourismus eher um Voyeurismus oder um eine Form der Entwicklungshilfe? Ein Einstieg ins Thema: 🔗 https://www.tagesschau.de/ausland/afrika/suedafrika-township-tourismus-100.html

5 Ökonomische Nachhaltigkeit und Tourismus

5.1 Die SDGs von größter Relevanz

SDG 8: Nachhaltig wirtschaften als Chance für alle

„Die Globalisierung birgt viele Chancen für mehr Wohlstand. Jedoch profitieren nicht alle auf gleiche Weise von den Vorteilen der Globalisierung. Wenn es beispielsweise um gute Arbeit mit sozialen Mindeststandards und adäquaten Löhnen geht, stehen wir international immer noch vor vielen Herausforderungen."

Weitere Informationen:

🔗 https://www.bundesregierung.de/breg-de/themen/nachhaltigkeitspolitik/nachhaltig-wirtschaften-276606

SDG 5: Gleichstellung von Frauen und Männern

„In Deutschland ist die rechtliche Gleichstellung von Frauen und Männern erreicht. An der tatsächlichen, alltäglichen Gleichstellung arbeiten wir noch. Weltweit gibt es bei der Gleichstellung Fortschritte. Dennoch bestehen immer noch erhebliche Barrieren. Ziel der nachhaltigen Entwicklung ist es, das bis 2030 grundlegend zu verbessern."

Weitere Informationen:

🔗 https://www.bundesregierung.de/breg-de/themen/nachhaltigkeitspolitik/rechtliche-gleichstellung-841120

Auch in der Betriebswirtschaft hat der Gedanke und die Forderung nach Nachhaltigkeit Einzug gehalten. Der sogenannte Shareholder-Value-Ansatz, nach dem die Befriedigung der Ansprüche der Aktionäre im Mittelpunkt steht und oberstes Ziel des betrieblichen Wirtschaftens ist, bzw. ein steigender Aktienkurs Indiz für den unternehmerischen Erfolg ist, gilt nicht mehr uneingeschränkt in allen Chefetagen (vgl. FEIGE/ANTONSCHMIDT 2017, S. 139). Der Blick nach außen auf die Auswirkungen auf andere Gruppen als die Aktionäre gehörte nicht unbedingt zur traditionellen Betriebswirtschaft; die sogenannte Externalität war kaum ein Thema. „Als

Externalität bezeichnet man die ‚Auswirkung wirtschaftlicher Aktivitäten auf Dritte‘ […]. Externalitäten können sowohl positiv als auch negativ sein. Sie entstehen, wenn zwischen Verursacher und Betroffenen einer Handlung keine Verbindung über den Markt-, Preis- oder einen sonstigen Mechanismus existiert. Der Verursacher (z.B. ein Unternehmen) bezieht die Externalitäten daher nicht in seine Entscheidungsfindung ein […] (a.a.O., S.141).

In der nachhaltigen Betriebswirtschaftslehre wird nun die mit der Brundtland-Kommission ins Bewusstsein gerückte intergenerationelle sowie intragenerationelle Gerechtigkeit (→ Kap. 2.3) zu einer Maxime. „Das bedeutet, dass Betriebe neben den ökonomischen auch die ökologischen und sozialen Konsequenzen ihres Handelns bei der Entscheidungsfindung einbeziehen müssen“ (a.a.O., S.141).

Zu den Grundprinzipien einer nachhaltig agierenden Betriebswirtschaft, die nicht minder wie bei der traditionellen Betriebswirtschaft Gewinne erzielen möchte und muss, gehört jedoch die Langfristigkeit zur Strategie – nicht das „schnelle“ Geld, vielleicht noch ohne Rücksicht auf Verluste, auf die Kosten anderer bzw. Schäden außerhalb des Unternehmens. „Bei ihren Entscheidungen beachten nachhaltige Betriebe sowohl die langfristigen ökonomischen, als auch die ökologischen und sozialen Folgen ihres Handelns. […] Zusätzlich wird die Betrachtung von Unternehmensrisiken auf die Nachhaltigkeitsdimensionen Ökologie und Soziales ausgeweitet“ (a.a.O., S. 141f.). Als längeren Zeitraum sollte das Management eine Generation, d.h. ungefähr 30 Jahre, im Blick haben.

Ein Perspektivwechsel betrifft die Abkehr vom Shareholder-Value hin zum Stakeholder-Value. Nicht allein Aktionäre und eine natürlich positive Firmenbilanz stehen im Fokus, sondern alle internen Stakeholder (z.B. Investoren, Mitarbeiter, Lieferanten, Kunden, Regierung oder Verwaltung) und die externen Stakeholder – wie Vetogruppen von außen, die besondere Interessen vertreten, die von dem Unternehmen eventuell tangiert bzw. missachtet werden oder auch die Medien, die von den unternehmerischen Tätigkeiten gegenwärtig oder in Zukunft direkt oder indirekt betroffen sind (vgl. a.a.O., S.142f.).

Im Bezug auf alle Gruppen von Stakeholdern eines nachhaltig agierenden Unternehmens wird die Gemeinwohlökonomie zu einem Ansatz bzw. Ziel. „Unter Rückgriff auf die Erkenntnisse unterschiedlichster Disziplinen (u.a. Soziologie, Psychologie, Neurophysiologie) verfolgt der Ansatz der Gemeinwohlökonomie das Ziel, eine neue Wirtschaftsethik zu etablieren, die das

Gemeinwohl gegenüber dem Wohl des Einzelnen stärker gewichtet“ (a.a.O., S. 144).

Box | Gemeinwohl-Ökonomie Deutschland

„Die Wirtschaft dient dem Gemeinwohl und nicht mehr der Geldvermehrung um ihrer selbst willen. Ungleichheiten bei Einkommen, Vermögen und Macht halten sich in maßvollen Grenzen. Der Umweltverbrauch bleibt innerhalb der Regenerationsfähigkeit natürlicher Ökosysteme und der planetaren Grenzen. Gegenwärtige und zukünftige Generationen genießen gleiche Lebenschancen.
Schöpferische Unternehmenstätigkeit führt zu innovativen Lösungen für das Gemeinwohl. Sie entfaltet sich in unterschiedlichen Rechtsformen und humanen Betriebsgrößen. Die Unternehmen kooperieren intelligent und tragen zu resilienten Strukturen bei.
Allen Menschen ist in der Gemeinwohl-Ökonomie ein würdevolles Dasein möglich. Arbeit ist sinnstiftend und findet in Unternehmen, Gemeingütern, öffentlichen Betrieben und in Eigenversorgung statt.
Freiheit erhält eine tiefere Bedeutung. Menschen können nicht nur ihre Biografien individuell selbst gestalten, sondern auch kollektiv die Wirtschafts-, Finanz- und Handelsordnung. Die innere Dimension erfährt gleiche Aufmerksamkeit wie das äußere Lebensumfeld. Die Menschen sind vom Konsum-, Kapitalmehrungs-, und Wachstumszwang befreit.“
VI. Internationalen Delegiertenversammlung, Lissabon, 19. Mai 2018 (GEMEINWOHLÖKONOMIE-DEUTSCHLAND o.J.)

Ein nachhaltiger Umgang mit Ressourcen, die Nutzung von erneuerbarer Energie, die Minimierung von CO_2-Emissionen und andere Maßnahmen, den Klimawandel nicht weiter zu beschleunigen, gehören somit zur Unternehmensphilosophie. Dabei reicht es nicht, einen aktuell optimalen Zustand durch die entsprechenden Strategien zu bewahren, sondern den Komplex als einen Prozess zu verstehen, der permanent neue Herausforderungen und neue Möglichkeiten zu reagieren beinhaltet.

Die deutsche Bundesregierung stellt sich folgende Ziele, im Inland wie in Schwellen- und Entwicklungsländern im Rahmen von Entwicklungszusammenarbeit das SDG 8, eine menschenwürdige Arbeit und ein Wirtschaftswachstum zu fördern:

„Konkret soll erreicht werden:

- Die Wirtschaft in weniger entwickelten Ländern soll um mindestens sieben Prozent jährlich wachsen
- Ein höheres Maß an wirtschaftlicher Produktivität und den stärkeren Einbezug von Frauen in das Wirtschaftssystem
- Verbesserter Zugang zu bedarfsgerechten Finanzdienstleistungen für kleine und mittlere und insbesondere frauengeführte Unternehmen
- Stärkung der Kapazität inländischer Finanzinstitutionen
- Wirtschaftsleistung und Wohlstand vom Ressourcenverbrauch entkoppeln
- Menschenwürdige Arbeit und Vollbeschäftigung für alle erreichen
- Abschaffung von Zwangsarbeit und Menschenhandel
- Kinderarbeit bis 2025 beenden
- Förderung von nachhaltigem Tourismus“

(BUNDESREGIERUNG o.J.e)

In den Erläuterungen zum SDG 5, der Gleichstellung von Frauen und Männern, wird auch ein genereller Einsatz gegen die Benachteiligung bis Ausgrenzung von Frauen aus wirtschaftlichen Prozessen als Handlungsfeld formuliert.

- „Frauen sollen gleichberechtigt am politischen, wirtschaftlichen und öffentlichen Leben teilhaben können.
- Frauen und Mädchen sollen die gleichen Rechte auf und Zugang zu Land, Eigentum und finanziellen Dienstleistungen erhalten.
- Politiken und Rechtsvorschriften sollen verabschiedet werden, die die Gleichberechtigung der Geschlechter fördern.“

(BUNDESREGIERUNG o.J.f)

5.2 Die Sustainability Balanced Scorecard

Die in den 1990er Jahren entwickelte Balanced Scorecard (BSC), die als Instrument des Strategischen Managements, die Strategieumsetzung in einem Unternehmen mess- und steuerbar machen sollte, hat vier Perspektiven im Blick: in hierarchischer Reihenfolge von oben nach unten die Finanz-Perspektive, Kunden-Perspektive, Interne-Prozess-Perspektive sowie Lern- und Entwicklungsperspektive (vgl. FEIGE/ANTONSCHMIDT 2017, S. 145).

Bei der Weiterentwicklung der BSC, der Sustainability Balanced Scorecard (SBSC), erhalten ökologische und soziale Aspekte der Nachhaltigkeit einen größeren Stellenwert. „Ziel ist, die strategisch zentralen ökonomischen, ökologischen und sozialen Ziele zu ermitteln, zu systematisieren und zu steuern, sowie nicht-monetäre Aspekte bei der Planung und Umsetzung von Unternehmensstrategien zu berücksichtigen" (PUFÉ 2017, S. 211). Trotz dieser verstärkten Ausrichtung auf ökologische und soziale Nachhaltigkeit kann ein Unternehmen weiterhin am Prinzip der Nutzenmaximierung festhalten, dies muss kein Widerspruch zu den Zielen der Nachhaltigkeit sein. Es ist jedoch Voraussetzung, dass die SBSC die Besonderheiten des jeweiligen Wirtschaftszweigs berücksichtigt und an ihn betriebsspezifisch angepasst wird (vgl. FEIGE/ANTONSCHMIDT 2017, S. 148).

Als Beispiel stellen FEIGE/ANTONSCHMIDT (2017, S. 145ff.) das Deutsche Jugendherbergswerk (DJH) vor. Bei der touristischen Relevanz des eingetragenen gemeinnützigen Vereins und nach eigenem Selbstverständnis „wichtigem Akteur für Gemeinwohl und Zivilgesellschaft" (DEUTSCHES JUGENDHERBERGSWERK o.J.b) sei ein Blick auf die aktuellen Aktivitäten des DJH in den Handlungsfeldern ökologische und soziale Nachhaltigkeit geworfen.

„Dabei orientieren sich die Maßnahmen unter anderem an der Agenda 21, den Sustainable Development Goals, dem EU Green Deal, der Corporate Sustainability Reporting Directive der EU sowie weiteren belastbaren und wissenschaftlich fundierten Konzepten. Das DJH setzt es sich auch weiterhin zum Ziel, die Nachhaltigkeitsbemühungen auszubauen und Mitarbeitende sowie Gäste in diesen Prozess einzubinden" (DEUTSCHES JUGENDHERBERGSWERK o.J.b, S. 4).

Zu den Aktivitäten des DJH, des Hauptverbands sowie einzelner Jugendherbergen, im Bereich der ökologischen Nachhaltigkeit gehören u.a. 94 biozertifizierte Häuser, die Verwendung regionaler und saisonaler Produkte in mehr als drei Viertel der Jugendherbergen und die Förderung der Biodiversität durch über 300 Bienen- und Insektenwiesen auf den Flächen der Jugendherbergen inklusive der Angebote zum Bau von Insektenhotels für die Gäste. Die Präsenz fast aller Jugendherbergen als POIs auf den Seiten der Deutschen Bahn unterstützt eine emissionsarme Anreise. Darüber hinaus unterstützte das DJH im Rahmen von Corporate Social Responsibility (CSR) verschiedene zertifizierte Projekte zur Kompensation von CO_2, zum anderen war und bleibt der Hauptverband weiterhin Mitglied beim Firmen-Bündnis KlimaPakt Lippe (vgl. a.a.O.).

Bei der sozialen Nachhaltigkeit im Jahr 2022 werden Jugendherbergen herausgestellt, die mit ihren verschiedenen Bildungsschwerpunkten zertifiziert und 210 Häuser, die mit dem Prädikat „Besonders geeignet für Familien" ausgezeichnet wurden. Die Barrierefreiheit nach den Anforderungen von „Reisen für alle" konnte in mehr 100 Jugendherbergen zertifiziert werden. In allen Jugendherberge wurde nach vorheriger Anmeldung auf Ernährungsspezifika Rücksicht genommen und die Mitarbeitenden schulten sich in diesen Bereichen regelmäßig und umfassend weiter (vgl. a.a.O., S. 5). Auf aktuelle Erfordernisse hat das DJH reagiert und damit soziale Nachhaltigkeit praktiziert: „Bei Beginn des Angriffskrieges auf die Ukraine hat das DJH seine Jugendherbergen zur Unterbringung von Geflüchteten angeboten. Zusätzlich haben sich Mitarbeitende mit der Fortbildung „Traumata bei geflüchteten Kindern und Jugendlichen" (erstellt in Kooperation mit der Kindernothilfe) auch thematisch intensiv damit beschäftigt, wie über das Mindestmaß hinaus nachhaltig geholfen werden kann" (a.a.O.).

Im Fall des Deutschen Jugendherbergswerk kommt bei der SBSC noch als fünfte Perspektive die „Nicht-Markt-Perspektive" hinzu, wie es insbesondere bei dem sozialen Engagement (siehe oben) deutlich wird. „Die Existenzberechtigung der Jugendherbergen ergibt sich aus ihrem übergeordneten, gesellschaftlichen Auftrag. Eine Orientierung an den Prinzipien von Markt und Wettbewerb wird diesem Auftrag kaum gerecht. Das Konzept der SBSC sieht für diesen Fall eine Nicht-Markt-Perspektive vor [...]. Wie bei den anderen Perspektiven auch, sollen damit auch strategische Ziele verfolgt werden. Es gilt dabei proaktiv zu prüfen, inwieweit der gesellschaftliche Auftrag der Jugendherbergen erfüllt wird. Zentral für die Gewährleistung der unternehmerischen Handlungsautonomie sind die Sicherung der Akzeptanz der Jugendherbergsidee bei den Stakeholdern (Legitimität) sowie die Einhaltung rechtlicher Vorschriften [...]. Dazu muss die Passfähigkeit der Jugendherbergsidee mit der konkreten Angebotsgestaltung kontinuierlich überprüft werden. Weiterhin sind die Auswirkungen des Unternehmenshandelns stärker als bei anderen Beherbergungsunternehmen in den gesellschaftlichen Kontext zu stellen" (FEIGE/ANTONSCHMIDT 2017, S. 156f.).

5.3 Der nachhaltig agierende Tourist – nur, wenn es nichts extra kostet?

Nachhaltigkeit im Urlaub ist für viele Reisende nicht viel mehr als ein Lippenbekenntnis. Schon seit Untersuchungen zu diesem Aspekt durchgeführt werden, wird immer wieder deutlich, dass nur die wenigsten Touristinnen und Touristen bereit sind, für Nachhaltigkeit auch mehr zu bezahlen. Zwar wünschen sich 62 Prozent der Menschen sozialverträgliche Urlaubsreisen, 48 Prozent sich ökologisch verträgliche Urlaubsreisen, doch das Buchungsverhalten spiegelt dies nicht annähernd wider. „Die Buchung von Reiseangeboten mit Nachhaltigkeitskennzeichnung lag 2023 anteilig bei 11 Prozent der Urlaubsreisen. CO_2-Kompensationsmöglichkeiten wurden im Jahr 2023 bei 5 Prozent aller Urlaubsreisen genutzt. Auch die Bedeutung der Nachhaltigkeit bei der Reiseauswahl liegt konstant auf einem niedrigen Niveau. 2023 war die Nachhaltigkeit bei 3 Prozent der Urlaubsreisen ausschlaggebend bei der Entscheidung zwischen sonst gleichwertigen Angeboten, bei weiteren 17 Prozent der Reisen waren Nachhaltigkeitsüberlegungen ein Aspekt von mehreren, die die Urlaubsentscheidung ausgemacht haben" (UMWELTBUNDESAMT o.J.a).

Konkrete und derzeit aktuelle Zahlen von 2023/24 bietet die repräsentative Studie der Forschungsgemeinschaft Urlaub und Reisen (FUR) „Nachhaltigkeit bei Urlaubsreisen: Bewusstseins- und Nachfrageentwicklung und ihre Einflussfaktoren Monitoringbericht auf Basis von Daten der Reiseanalyse 2024" (FORSCHUNGSGEMEINSCHAFT URLAUB UND REISEN 2024). Im Folgenden sei der Fokus auf einige Ergebnisse dieses Berichts gerückt:

Bei der Nutzung von Kompensationen, um CO_2-Emissionen auszugleichen, wurde zwischen Urlaubsreisen von mehr als fünf Tagen Dauer und Kurzurlaubsreisen unterschieden. „Die bewusste Nutzung von CO_2-Kompensationsmöglichkeiten bei Urlaubsreisen ab fünf Tagen Dauer lag 2023 auf demselben Niveau wie im Jahr 2022. Damit ist im Vergleich zu 2021 zwar ein Rückgang zu verzeichnen, die Nutzung der CO_2-Kompensationsmöglichkeiten ist aber immer noch deutlich höher als in 2018/2019. Auch bei den Kurzurlaubsreisen sank der Wert zur Nutzung von CO_2-Kompensationsmöglichkeiten 2023, während er im Vorjahr noch angestiegen war. Insgesamt lassen sich bei den Kurzurlaubsreisen seit 2018/19 regelmäßig deutlich höhere Anteile von CO_2-Kompensationen feststellen als bei den Urlaubsreisen ab fünf Tagen Dauer. Ob die derzeit beobachteten Rückgänge eine Trendwende ankündigen, lässt sich nach diesem Befund noch nicht sagen. Dafür ist ein weiteres Monitoring des Indikators erforderlich“ (FUR 2024, S. 52).

Welche Effekte können Nachhaltigkeitslabel bei der Buchung entsprechend zertifizierter Reiseangebote haben? „Die Analyse der Buchungen von Urlaubsangeboten mit Umweltzeichen zeigt eine zunehmende Sensibilisierung für nachhaltig zertifizierte Reisen. Seit der ersten Messung 2018/19 sind die Anteile von Urlaubs- und Kurzurlaubsreisen mit Umweltzeichen signifikant gestiegen. Die jüngsten Ergebnisse deuten jedoch auf eine Stabilisierung mit teilweise minimalen Zuwächsen hin. Generell ist die Nutzung von Umwelt- und Nachhaltigkeitskennzeichnungen bei Kurzurlaubsreisen deutlich höher als bei längeren Reisen. Am höchsten sind die berichteten Werte bei den Geschäftsreisen“ (a.a.O., S. 59). Trotzdem kommt man in der Studie zu dem Schluss: „Trotz jahrelanger politischer Bemühungen um umweltbezogene Zertifizierungssysteme und der Vielzahl vorhandener Kennzeichnungen im Tourismus bleibt die bewusste Nutzung von Umweltzeichen relativ gering. Dies spiegelt sowohl die bisher begrenzte Anzahl zertifizierter Angebote auf dem Markt als auch die Aufmerksamkeit der Reisenden für solche Kennzeichnungen wider“ (a.a.O., S. 60).

„Für nur 3 % der Urlaubsreisen haben Nachhaltigkeitsüberlegungen bei der Auswahl zwischen sonst gleichwertigen Angeboten den Ausschlag gegeben. Damit ist der Prozentsatz seit dem Jahr 2021 immer weiter leicht gesunken. Auch bei den Kurzreisen hat die Bedeutung von Nachhaltigkeitsaspekten als entscheidendes Kriterium im Vergleich zum Vorjahr abgenommen“ (a.a.O., S. 69).

Der Rückblick auf das Reisen im Jahr 2023, dem ersten Jahr ohne Einschränkungen durch die Coronapandemie, zeigte einen Nachholeffekt, der sich mit mehr Flugreisen als je zuvor zusammenfassen lässt. „Der Zuwachs an geleisteten Kilometern ist dabei hauptsächlich auf die Zunahme an Flugreisen zurückzuführen. Der Anteil der Flugreisen lag im Reisejahr 2023 bei rund 47 Prozent und erreichte damit einen Höchstwert. Mehr als 95 Milliarden Kilometer wurden für Urlaubsreisen mit dem Flugzeug zurückgelegt, auf klimafreundlichere Alternativen wie Bahn und Bus entfielen insgesamt rund 4 Milliarden Kilometer“ (UMWELTBUNDESAMT o.J.a).

Dass nachhaltiges Reisen nicht zwangsläufig teurer sein muss, ist ein anderes Ergebnis der Reiseanalyse 2024. „Der Nachfragemonitor zeigt, dass nachhaltiger Reisen nicht per se teurer ist. Reisende, für die Nachhaltigkeit ausschlaggebend bei der Reiseentscheidung war, hatten sogar deutlich unterdurchschnittliche Reiseausgaben. Dies liegt allerdings vor allem in der

Struktur ihrer Reisen begründet (geringere Distanzen sowie andere Auswahl von Unterkunft und Verkehrsmittel)" (a.a.O.).

„Um das Potenzial für nachhaltige Reisen zu nutzen, bedarf es weiterer Anreize und attraktiver nachhaltiger Urlaubangebote, die auch die übrigen Reiseansprüche der Deutschen erfüllen, um nachhaltige Reiseentscheidungen in der Breite der Bevölkerung zum Standard werden zu lassen. Am Preis muss nachhaltigeres Reisen jedenfalls nicht scheitern, da es nicht per se teurer ist" (a.a.O.), lautet eine Handlungsempfehlung für die Tourismusbranche, aber auch die Tourismus- und Verkehrspolitik. Ein Anstieg der Flugpreise insbesondere bei den Billigfliegern, vor allem ein Einpreisen der Umweltkosten, wäre schon einmal eine Maßnahme, ein ganzes Maßnahmenpaket, den Eisenbahnverkehr in Deutschland besser und damit attraktiver zu machen, ein anderes.

Lesetipp | Aus dem Umweltbundesamt zum Thema Verkehrswende

🔗 https://www.umweltbundesamt.de/publikationen/verteilungswirkungen-einer-verkehrswende
„Verteilungswirkungen einer Verkehrswende. Analyse von Verteilungswirkungen umweltpolitischer Instrumente im Verkehrssektor und ein Gesamtkonzept für eine ökologische und inklusive Verkehrswende" erschienen im September 2024.

➲ Zusammenfassung

Die Sustainability Balanced Scorecard (SBSC) ist ein Instrument der nachhaltigen Betriebswirtschaftslehre, um die ökologischen und sozialen Auswirkungen – alias Kosten – des unternehmerischen Handelns miteinzubeziehen. Das Gemeinwohl steht neben den ökonomischen Erfolgen im Fokus des Wirtschaftens und dies lässt sich auch in der Tourismusbranche umsetzen.

Nachhaltige Reiseangebote, so eine Studie der Reiseanalyse, wurden 2023 bei gerade einmal 11 Prozent der Urlaubsreisen gebucht, die Möglichkeiten einer CO_2-Kompensation wurden bei 5 Prozent aller Urlaubsreisen genutzt. Bei 3 Prozent der Reiseangebote war die Nachhaltigkeit ausschlaggebend für die Buchung. Unverändert klafft eine große Lücke zwischen Lippenbekenntnissen zur Notwendigkeit von Nachhaltigkeit auch im touristischen Geschehen und dem persönlichen Buchungs- und Reiseverhalten.

Nachholeffekte nach der Coronapandemie sorgten 2023 für eine noch nie dagewesene Nachfrage von Flugreisen, was insbesondere der ökologischen Nachhaltigkeit widerspricht und einen steigenden Beitrag zum Klimawandel bedeutet.

➲ Reflexionsfragen

1. Welche Kosten werden für die Kompensation von Flügen ermittelt? Nehmen Sie dazu die Website von 🔗 https://www.atmosfair.de/de/kompensieren/flug/ unter die Lupe!
2. Welche Reiseveranstalter werben damit, dass sie die Kompensation der Flüge oder auch andere Emissionen verursachende Aktivitäten schon in den Reisepreis eingesetzt haben? Lassen sich die hier aktiven Reiseveranstalter nach Angeboten oder Destinationen kategorisieren? Was wird mit diesen Einnahmen dann unterstützt? 🔗 https://www.atmosfair.de/de/gruenreisen/klimafreundliche_reiseveranstalter/
3. Welche Kritikpunkte können Sie im Internet zu den unterschiedlichen Kompensationsmodellen finden?

6 Nachhaltiges Tourismusmanagement

6.1 Tourismuspolitik und die vierte Dimension der Nachhaltigkeit

Wenn auch das Drei-Säulen-Modell oder Modelle auf der Basis eines Dreiecks noch immer in den Diskussionen um Nachhaltigkeit zu finden sind, so hat sich in der wissenschaftlichen Betrachtung der Horizont geweitet. Die institutionelle Nachhaltigkeit hat dabei ihren Platz gefunden und laut Welttourismus Organisation der Vereinten Nationen (UNWTO) dies auch noch in einer Rangfolge an erster Stelle als „Tourismuspolitik und Governance".

Box | Fünf Säulen der Nachhaltigkeit

Die UNWTO stellt 2013 in ihrem „Sustainable Tourism for Development Guidebook" fünf Säulen – alias Kernthemen – für die Entwicklung eines nachhaltigen Tourismus in Entwicklungsländern vor.
„Die anderen vier Säulen sind: (2) Economic performance investment and competiveness, (3) Employment, decent work and human capital, (4) Poverty reduction and social inclusion, (5) Sustainability of the natural environment" (SCHULER 2017, S. 335).
In dieser Liste der Kernthemen nachhaltiger Tourismusentwicklung sind bereits einige Aspekte zu finden, die 2015 als Social Development Goals bezeichnet wurden.

Über das Verständnis und die Definition von institutioneller Nachhaltigkeit besteht keine Einigkeit (vgl. SCHULER 2017, S. 335ff.) und dies soll im Folgenden auch nicht dargelegt oder weiter diskutiert werden. Auf der Basis des Minimalkonsenses, dass institutionelle Nachhaltigkeit ein Handlungsfeld der nationalen Tourismuspolitik ist, soll darauf der Blick gerichtet werden. Die im Herbst 2024 erschienenen Publikationen des Bundesministeriums für Wirtschaft und Klimaschutz (BMWK) „Destination Zukunft – Tourismus gemeinsam gestalten" und „Tourismus nachhaltig gestalten. Nachhaltige Tourismusstrategie – Arbeitsprogramm der Bundesregierung 2024" bieten Gelegenheiten, in die Herausforderungen und geplanten Strategien der Tourismuspolitik der Bundesrepublik Deutschland zu schauen.

Die Tourismuspolitik ist in Deutschland bei verschiedenen Ministerien angesiedelt, federführend ist dabei das Bundesministerium für Wirtschaft und Klimaschutz (BMWK) – als Herausgeber der oben genannten Strategie samt Arbeitsprogramm, d.h. der Umsetzung in der Praxis. Dazu hat die Bundesregierung „bisher 130 Expertinnen und Experten aus Bund, Ländern, Reisebranche und Wissenschaft in der Nationalen Plattform Zukunft des Tourismus (NPZT) versammelt, die jetzt seit gut einem Jahr gemeinsam daran arbeiten, strategische Ziele für den Bereich Tourismus zu erarbeiten und gleichzeitig in praxisorientierten Lösungen umzusetzen" (Destination Zukunft 2024, S. 4).

Als „zentrale strategische Zukunftsthemen der Tourismuswirtschaft" hat die NPZT folgende im Fokus (vgl. a.a.O., S. 4):

- Klimaneutralität sowie Umweltschutz
- Arbeitskräftesicherung und -gewinnung
- Digitalisierung
- Wettbewerbsfähigkeit

Der erwartbare positive Blick auf die bisherigen Aktionen lautet: „Die gesamte deutsche Tourismuswirtschaft hat die Herausforderungen angenommen und den Wandel eingeleitet" (a.a.O., S.5). Und die Einschränkung folgt sogleich: „Soweit konkrete Maßnahmen zu Ausgaben im Bundeshaushalt sowie im Klima- und Transformationsfonds (KTF) führen, stehen sie unter Finanzierungsvorbehalt und sind innerhalb der geltenden Haushalts- und Finanzplanung der jeweils zuständigen Ressorts gegenzufinanzieren. Auch die Haushalte der Sozialversicherungen werden durch die Nationale Tourismusstrategie nicht präjudiziert." (a.a.O., S. 5).

Die Ausgangslage für die Nationale Tourismusstrategie 2024 – die Destination Zukunft – wird u.a. geprägt von den Folgen der Coronapandemie, der wirtschaftlichen Bedeutung der Tourismusbranche inklusive der damit direkt und indirekt verbundenen Arbeitsplätze, ihrer Rolle für zahlreiche andere Wirtschaftsbereiche sowie der Förderung strukturschwacher, vor allem ländlicher Räume. Als bekannte Herausforderungen kommen beispielsweise der Fachkräftemangel auch in dieser Branche, die ökologische Nachhaltigkeit inklusive Klima- und Umweltschutz, der Ausbau der Digitalisierung sowie der Abbau von Bürokratie (Seit Januar 2025 entfällt die Meldepflicht in der deutschen Hotellerie für inländische Gäste, d.h. der handschriftlich auszufüllende Zettel beim Check-In bleibt den Gästen und den Mitarbeitenden an der Reception erspart. Es stellt sich aber die Frage nach dem Sinn und der Ungleichbehandlung nicht deutscher Staatsangehöriger!).

Welche Weichen will die Politik mit dieser Nationalen Tourismusstrategie stellen, um die vier oben genannten übergeordneten Zukunftsthemen der deutschen Tourismuswirtschaft umzusetzen?

Box | Themenübergreifende Ziele der Nationalen Plattform Zukunft des Tourismus (NPZT)

- „Nachhaltige Wirtschaftskraft touristischer Unternehmen stärken
- Relevanten Beitrag der Tourismusbranche zur Klimaneutralität bis 2045 sicherstellen
- Bedarfsgerechten Ausbau und Vernetzung der touristischen Mobilität forcieren
- Auf Qualitätsführerschaft im touristischen Produkt, in Infrastruktur und Service im internationalen Kontext hinwirken
- Höchstmögliche Effizienz in Leistungserstellungs- und Verwaltungsprozessen erreichen
- National und international soziale und ökologische Verantwortung übernehmen: Tourismus integrativ und inklusiv (barrierefrei) gestalten
- Resilienz im nationalen und internationalen Tourismus stärken
- Tourismusakzeptanz steigern
- Umwelt und Natur als Grundlage für den Tourismus stärken
- Natürliche Ressourcen schonen
- Regionale Wertschöpfung stärken
- Stärkung von Barrierefreiheit und Inklusion, die für einen zukunftsfähigen Tourismus übergreifend von Bedeutung sind“

(DESTINATION ZUKUNFT 2024, S. 10).

Konkretere Schritte zum Erreichen der gesteckten Ziele bietet die Online-Publikation des BMWK: Nationale Tourismusstrategie – Arbeitsprogramm der Bundesregierung 2024 (zit. als Arbeitsprogramm 2024; BUNDESMINISTERIUM FÜR WIRTSCHAFT UND KLIMASCHUTZ 2024b). Im Folgenden sei der Fokus der Tourismuspolitik auf einige Maßnahmen in den Bereichen der ökologischen sowie sozialen Nachhaltigkeit gelenkt. Das wichtigste Instrument zur Förderung eines zukunftsträchtigen Tourismus ist die finanzielle Unterstützung vieler Projekte – sei es aus deutschen oder europäischen Töpfen.

Unter dem Titel „Klimaneutralität, Umwelt- und Naturschutz im Tourismus stärken“ werden Maßnahmen beschrieben, die die ökologischen Dimensionen des Tourismus betreffen. Als wesentliche Voraussetzung für einen klimaneutralen Tourismus wird eine Verbesserung der Datenlage zum spezifischen Aufkommen von Emissionen durch den Tourismus, seinen Energie- sowie Rohstoffverbrauch genannt. „Darüber hinaus sind weitere, für den Tourismus relevante Umweltindikatoren, wie dessen Wirkungen auf die biologische Vielfalt, Lärmbelastung, Flächeninanspruchnahme oder Abfallaufkommen zu berücksichtigen. Da hierzu noch keine vergleichbaren Datengrundlagen und Erhebungsmethoden mit Bezug zum Tourismus zur Verfügung stehen, sind geeignete Ansätze weiter zu erforschen und entwickeln“ (Arbeitsprogramm 2024, S. 13f.). Ein wichtiges Handlungsfeld für die Politik ist es – wie in den anderen Verkehrssparten, eine nachhaltige Mobilität ebenso bei touristisch motivierten Fahrten zu fördern (mehr im → Kap. 6.3).

Zu den spezifischen Projekten, die im Arbeitsprogramm des BMWK genannt werden, um den Klima-, Umwelt- und Naturschutz im Tourismus zu fördern, gehören Maßnahmen in der Gastronomie, die Stärkung regionaler und ökologischer Lebensmittelproduktion sowie bestimmter Regionen überhaupt, der Klimaschutz im Tourismus und die Förderung von Nachhaltigkeit im Kulturbereich.

Box | Das neue Kompetenzzentrum „Grüne Transformation des Tourismus“ des Bundesministeriums für Wirtschaft und Klimaschutz (BMWK)

„Das Kompetenzzentrum soll als Informationsknotenpunkt rund um die grüne Transformation Wissen teilen, Best Practices hervorheben und Innovationen fördern. Die Arbeit richtet sich in erster Linie an die zahlreichen Branchenverbände im Tourismus, an Kammern und lokale und regionale Tourismusorganisationen als Multiplikatoren. Außerdem berät es das BMWK bei seiner Aufgabe, die Tourismuswirtschaft nachhaltig aufzustellen.“
(BUNDESMINISTERIUM FÜR WIRTSCHAFT UND KLIMASCHUTZ 2024c)

Webtipp | Kompetenzzentrum „Grüne Transformation des Tourismus“

🔗 https://kompetenzzentrum-tourismus.de/

Für mehr ökologische Nachhaltigkeit im Gastgewerbe inklusive der Reduzierung von Lebensmittelabfällen haben das Bundesministerium für Ernährung und Landwirtschaft (BMEL) und die Verbände der Außer-Haus-Verpflegung im April 2021 eine Zielvereinbarung unterschrieben, wonach Lebensmittelabfälle in diesem Sektor bis 2025 um 30 % und bis 2030 um 50 % reduziert werden sollen. „Möglichst viele Unternehmen der Gastronomie und Hotellerie sollen der Zielvereinbarung beitreten und werden bei der Umsetzung entsprechender Maßnahmen von der Kompetenzstelle Außer-Haus-Verpflegung unterstützt“ (Arbeitsprogramm 2024, S. 26).“

Regionalität, Saisonalität und die Verwendung von ökologisch produzierten Lebensmitteln sind als Zielvorgaben für viele Gastronomiebetriebe schon selbstverständlich, doch sie sollen weiter gestärkt werden durch die regionalen Entwicklungsprogramme für den ländlichen Raum der Bundesländer unter Kofinanzierung aus dem Europäischen Landwirtschaftsfonds für die Entwicklung des ländlichen Raums (ELER) oder durch LEADER-Projekte der Europäischen Union. Im Rahmen des Bundesprogramms Ökologischer Landbau (BÖL) werden aktuell über 30 Projekte gefördert, die auf die Weiterentwicklung und den Aufbau von regionalen Bio-Wertschöpfungsketten abzielen, sowie Vorhaben, die Verbraucherinnen und Verbraucher über die Mehrwerte von Erzeugung und Verarbeitung von Bio-Produkten informieren. Dabei wird auch das Gastgewerbe als möglicher Abnehmer von Bio-Produkten in den Blick genommen“ (vgl. Arbeitsprogramm 2024, S. 27).

Die soziale und teils auch ökonomische Nachhaltigkeit ist als ein großes Aufgabenfeld mit dem Fachkräftemangel in der Tourismusbranche im Visier. Die Verordnungen bis hin zu Verboten – nicht nur für das Gastgewerbe, während der Coronapandemie die Betriebe zu öffnen, haben zu einer starken Abwanderung des Personals geführt, das zu einem beachtlichen Teil nach der Aufhebung der Beschränkungen die neuen Arbeitsplätze dann bevorzugt hat.

Box | Fachkräftemangel in Hotellerie und Gastronomie nach der Coronapandemie

„Verkürzte Öffnungszeiten, Ruhetage oder kleinere Speisekarten: Auf diese Maßnahmen müssen Hotels und Gaststätten derzeit zurückgreifen. Denn laut dem Branchenverband fehlen mehr als 65.000 Arbeitskräfte. Mitten in der Urlaubssaison herrscht im Gastgewerbe akute Personalnot: In den Hotels und Gaststätten in Deutschland fehlen nach Angabe des Branchenverbands DEHOGA derzeit mehr als 65.000 Mitarbeiter. ‚Der Mitarbeitermangel gehört laut den monatlichen DEHOGA-Umfragen regelmäßig zu den größten Herausforderungen für die Betriebe', teilte der Verband der Nachrichtenagentur dpa mit." (TAGESSCHAU 2023)

Staatliche Maßnahmen gegen den ohnehin chronischen – und weit über die Tourismusbranche hinaus verbreiteten – Mangel an Mitarbeitenden dürfen in der besonderen Situation nicht fehlen, die durch die Pandemie geschaffen wurde. Um Fach- und Arbeitskräfte zu sichern, will das BMWK folgende Strategien setzen:

- „Ziele setzen, Maßnahmen verknüpfen und Akteure vernetzen
- Nachwuchs gewinnen, Arbeits- und Ausbildungsstellen passgenau besetzen
- Ausländische Arbeitskräfte rekrutieren und integrieren
- Arbeitsbedingungen attraktiver machen"

(Arbeitsprogramm 2024, S. 1)

Zur Nationalen Weiterbildungsstrategie (NWS) gehört die Vernetzung der Akteure und der Maßnahmen in den Unternehmen, wobei man die Klein- und Mittelständischen Unternehmen im Fokus hat, die in der Tourismusbranche überwiegen. Seit 2020 wird bereits das Bundesprogramm „Aufbau von Weiterbildungsverbünden" umgesetzt. Einer dieser 53 Weiterbildungsverbünde hat u.a. das Gastgewerbe im Fokus. Weitere Maßnahmen sind u.a. die „Allianz für Aus- und Weiterbildung" aus Politik, Wirtschaft und Gewerkschaften, die am Übergang von der Schule in eine Berufsausbildung ansetzt und hier beruflichen Nachwuchs generieren möchte. Dazu gehört auch das vom Bundeswirtschaftsministerium geförderte Netzwerk von Ausbildungsbotschafterinitiativen.

Ein anderes Handlungsfeld zur Gewinnung von Arbeitskräften in den Betrieben des Tourismus hat neben inländischen Jugendlichen ausländische Mitarbeiterinnen und Mitarbeiter als einen weiteren Schwerpunkt. „Mit dem zum 01.01.2024 novellierten Bundesprogramm ‚Passgenaue Besetzung und Willkommenslotsen' wurden die bis dahin getrennt geförderten Förderprogramme ‚Passgenaue Besetzung' sowie ‚Willkommenslotsen' zusammengeführt und als separate Module in einer gemeinsamen Förderrichtlinie fortgesetzt. Im Modul ‚Passgenaue Besetzung' steht die Vermittlung von inländischen Jugendlichen im Vordergrund, während die im Modul ‚Willkommenslotsen' tätigen Beratungskräfte Unternehmen bei der betrieblichen Integration von Geflüchteten helfen. Ein neuer Fokus wird seit Januar 2024 auf die Besetzung von Ausbildungsstellen mit Jugendlichen aus dem Ausland gelegt, um die neuen Möglichkeiten durch das Fachkräfteeinwanderungsgesetz als weitere Quelle für geeignete Bewerber besser zu nutzen." (Arbeitsprogramm 2024, S. 34f.). Die Willkommenslotsen sind ebenso im „NETZWERK Unternehmen integrieren Flüchtlinge" aktiv. Mit dem Pilotprojekt „Hand in Hand for International Talents" fördert das Bundeswirtschaftsministerium die Gewinnung von Fachkräften für das Gastgewerbe aus Indien, Brasilien und Vietnam Fachkräfte.

Zum anderen ist die Politik bestrebt, mit ihren Möglichkeiten die Arbeitsbedingungen im Gastgewerbe zu verbessern und so die Jobs attraktiver zu machen. Das Bundesministerium für Arbeit und Soziales unterstützt die „Initiative Neue Qualität der Arbeit (INQA)". „Gemeinsam mit den Sozialpartnern, Kammern, Ländern, kommunalen Spitzenverbänden, der BA sowie der Bundesanstalt für Arbeitsschutz und Arbeitsmedizin werden Förderprojekte (INQA-Experimentierräume) initiiert, die Lösungen insbesondere für KMU erarbeiten, um gute Arbeitsbedingungen und eine mitarbeiterorientierte Arbeitskultur auch in einer veränderten Arbeitswelt zu erhalten und zu schaffen" (Arbeitsprogramm 2024, S. 38f.). Weitere Initiativen und konzertierte Aktionen werden im Arbeitsprogramm skizziert.

6.2 Entwicklung neuer Räume – Tourismus als neuer Wirtschaftszweig

Die Förderung schwach strukturierter Räume, ländlicher oder peripherer Räume, wie diese Regionen als „wirtschaftspolitische Sorgenkinder" bezeichnet werden, die zudem aus verschiedenen Gründen von Landflucht geprägt werden, gehört mit zu den Aufgabenfeldern der Politik. Hier ist insbesondere das Bundesministerium für Ernährung und Landwirtschaft (BMEL) gefragt.

Aktuelle Herausforderungen und Maßnahmen zur Entwicklung und Förderung finden sich ebenso im Arbeitsprogramm 2024 des Bundesministeriums für Wirtschaft und Klimaschutz (S. 48ff.). Den ländlichen Räumen gilt eine besondere Aufmerksamkeit. „Tourismus leistet traditionell einen wichtigen Beitrag zur Erhöhung der Lebensqualität in ländlichen Räumen, stärkt hier die regionale Identität und bietet Einkommens- und Beschäftigungsperspektiven. Zudem schafft der Tourismus einen wesentlichen Anreiz, um die ländliche Infrastruktur – einschließlich z.B. (bau-)kultureller Angebote – auszubauen“ (Arbeitsprogramm 2024, S. 48).

Als Förderinstrumente werden u.a. eingesetzt:

- Verbesserung der regionalen Wirtschaftsstruktur (GRW-Förderung)
- Verbesserung der Agrarstruktur und des Küstenschutzes (GAK)
- Förder- und Finanzierungsberatung der Bundesregierung
- Förderkreditangeboten von European Recovery-Programmen (ERP) und der Kreditanstalt für Wiederaufbau (KfW) für den gewerblichen Mittelstand
- Förderwegweiser des Kompetenzzentrums Grüne Transformation des Tourismus im Auftrag des BMWK

Diverse Verbesserungen an der Infrastruktur im ländlichen Raum sollen das touristische Angebot stärken, wie beispielsweise die Reaktivierung von Schienenstrecken – zum einen für eine verbesserte Anbindung von Regionen und Destinationen an den ÖPNV, von der auch die Einheimischen profitieren würden, zum anderen eine Umnutzung alter Bahntrassen für einen bequemeren, da steigungsarmen Radverkehr insbesondere in den Mittelgebirgen. Die Renaturierung von Bundeswasserstraßen, aber auch kleineren Gewässern gibt den Flüssen wieder intaktere Auenlandschaften zurück einerseits für die Biodiversität – von den Habitaten, Biotopen bis zum Ökosystem – und ihrer ökologische Bedeutung im Zusammenhang mit dem Klimaschutz. Andererseits können dadurch auch attraktive Bereiche für einen nachhaltigen Naturtourismus auf dem Wasser und am angrenzenden Land entstehen. Gerade für den Tourismus auf dem Land eignen sich die Flussläufe als Leitlinien für internationale Fernradwanderwege sowie die regionale Radtourismusinfrastruktur.

Mehr in die Flächen hinaus orientiert sind die Nationalen Naturlandschaften, die sich erwartungsgemäß in ländlichen Räumen befinden und dabei gerade von einem Maximum an Ursprünglichkeit profitieren – die für ein modernes Wirtschaftsleben nicht gerade zu den optimalen Rahmenbedingungen gehört. Hier sollen die aktuell 141 Nationalen Naturlandschaften (16 Nationalparke, 6 Wildnisgebiete, 18 Biosphärenreservate und 104 Naturparke) für regionalwirtschaftliche Effekte durch den Tourismus sorgen. So können ca. ein Drittel der Landesfläche der Bundesrepublik Deutschland und damit zahlreiche weniger besiedelte und oftmals strukturschwache Regionen eine vielseitige Entwicklungsförderung bekommen. „Untersuchungen der Universität Würzburg im Rahmen der Ressortforschung des BMUV belegen, dass jährlich etwa 53 Millionen Urlaubsgäste die 16 deutschen Nationalparke und rund 71 Millionen Urlaubsgäste die 17 deutschen UNESCO-Biosphärenreservate besuchen. Der Schutzgebietstourismus generiert damit circa sechs Milliarden Euro Bruttoumsatz pro Jahr und stellt einen erheblichen Beitrag zur regionalen Wertschöpfung dar“ (Arbeitsprogramm 2024, S. 41).

Webtipp | Nationalen Naturlandschaften

🔗 https://nationale-naturlandschaften.de/wp-content/blogs.dir/29/files/2020/07/NNL-Positionspapier-Tourismus.pdf
🔗 https://nationale-naturlandschaften.de/

Der Trend in der Gastronomie zu einer regionalen und saisonalen Küche, zu einem Angebot aus nachhaltig produzierten Lebensmitteln von höherer Qualität – „eine Landschaft schmecken“ und ihre kulinarischen Traditionen kennenlernen – fördert den biologischen Landbau. Dies ist ebenso ein Ziel der Politik und dementsprechend gibt es Förderprogramme und Maßnahmen des Bundesministeriums für Ernährung und Landwirtschaft (BMEL): „Ein erklärtes Ziel der Bundesregierung ist es, den Flächenanteil des Ökolandbaus an der landwirtschaftlichen Gesamtfläche bis 2030 auf 30 Prozent zu steigern“ (Arbeitsprogramm 2024, S. 50). Mit Hilfe der „Bio-Strategie 2030“ soll der ökologische und umweltverträgliche Landbau nicht nur verstärkt hochwertige Bio-Lebensmittel produzieren, sondern auch weitere Funktionen erfüllen: „Zusätzlich beleben die Akteure der Bio-Wertschöpfungskette den ländlichen Raum nachhaltig, sorgen für Ausbildungs- und Arbeitsplätze in einem zukunftsfähigen Sektor und tragen zum

Bestehen der Vielfalt landwirtschaftlicher Strukturen bei. Hofläden und Regionalvermarktung, Besuche auf Bio-Bauernhöfen und ein vielfältiges Landschaftsbild steigern den Genuss- und Erholungswert der Region." (a.a.O.)

Eine für den Tourismus ebenfalls wichtige Funktion insbesondere der ökologischen Landwirtschaft ist der Erhalt der bäuerlichen Kulturlandschaften. Mit ihrer typischen regionalen Vielfalt aus den diversen Formen der Landnutzung, der Besiedlung samt charakteristischer regionaltypischer Architektur und Kultur stellen sie gefragte Räume für den Tagesausflug, Kurzurlaub oder Haupturlaub dar.

Box | Bäuerliche Kulturlandschaft

Durch die Arbeit von Bauern wurden nicht erst seit dem Mittelalter die hierzulande waldreichen Naturlandschaften in Kulturlandschaften umgewandelt. Es entstanden Dörfer, die mit ihrer Lage und Bauweise den geographischen Raum widerspiegeln genauso wie die Landwirtschaft mit Feldern, Wiesen, Weiden, Gärten, Streuobstwiesen, Gehölzstreifen, Weinbergen, Teichen für die Fischzucht, Wäldern und Forsten als Zeugnissen der landwirtschaftlichen Nutzung. Hinzu kommen in einer Kulturlandschaft ebenso die Dörfer sowie Gebäude außerhalb von sakralen Bauten und Denkmälern, z.B. Kapellen und Wegekreuzen in der Landschaft, Denkmälern der Geschichte (z.B. Burgruinen), Wirtschaftsbauten für bestimmte Handwerke, wie Wind- oder Wassermühlen, Wege- und Straßennetze samt Brücken.

Kulturlandschaften besitzen eine Vielzahl von Alleinstellungsmerkmalen, die für den Tourismus relevant sind – man bedenke die Unterschiede in den Kulturlandschaften beispielsweise an der Nordsee, im Münsterland, selbst bei Mittelgebirgen wie Eifel oder Schwarzwald und erst recht in den Bayerischen Alpen.

Abb. 16: Eine abwechslungsreiche bäuerliche Kulturlandschaft in der Vulkaneifel am Schalkenmehrener Maar mit der gleichnamigen Gemeinde | [15]

Aber auch Fördermittel der EU können, wie beispielswiese der Europäische Landwirtschaftsfonds für die Entwicklung des ländlichen Raums (ELER), zur Strukturverbesserung beantragt werden. Bekannt sind auch die LEADER-Projekte (Liaison entre actions de développement de l'économie rurale). „Die Europäische Union fördert mit diesem attraktiven Programm finanziell und ideell eine neue Qualität der Zusammenarbeit zwischen den Kommunen, zwischen den Bürgerinnen und Bürgern vor Ort, Organisationen, Gemeinschaften und Unternehmen in Landregionen" (MINISTERIUM FÜR KLIMASCHUTZ, UMWELT, LANDWIRTSCHAFT, NATUR- UND VERBRAUCHERSCHUTZ (NORDRHEIN-WESTFALEN) 2013, S. 5). Damit können u.a. kleinere Projekte für Landtourismus, aber auch kulturelle Angebote, die sich an Einheimische wie Gäste richten, finanziert werden. Einige bereits durchgeführte Maßnahmen geben eine Vorstellung von LEADER-Projekten im ländlichen Raum:

Beispiel | LEADER-Projekte für den Tourismus – Beispiele aus NRW

- **Ahaus:** Projektbeispiel Kulturlandschaft mit GPS entdecken: track and bike
- **Baumberge:** Projektbeispiel Naturtourismus in den Baumbergen und Projektbeispiel Generationenpark Bahnhof Darfeld & RadBahn Münsterland/Radschnellweg
- **Lippe-Issel-Niederrhein:** Projektbeispiel 3-Flüsse-Route
- **Tecklenburger Land:** Projektbeispiel NaTourismus
- **LEADER-Region 4 mitten im Sauerland:** Projektbeispiel Der Ramsbecker Bergbauwanderweg

(vgl. MINISTERIUM FÜR KLIMASCHUTZ, UMWELT, LANDWIRTSCHAFT, NATUR- UND VERBRAUCHERSCHUTZ (NORDRHEIN-WESTFALEN) 2013)

6.3 Nachhaltigkeit in der touristischen Mobilität

Vor allem im ländlichen Raum ist eine nachhaltige Mobilität eine besondere Herausforderung, wo sich der ÖPNV oftmals nur an den Bedürfnissen von Pendlern und Schülern orientiert und die Interessen der vorzugsweise an Wochenenden und Feiertagen kommenden Ausflügler kaum berücksichtigt werden können. Autoschlangen zu und von den angesagten Zielen des Tagestourismus oder Wochenendtrips gehören je nach Jahreszeit und Wetterlage zum normalen Bild auf den Zufahrtsstraßen – und können sogar auch im Zusammenhang mit Incoming-Tourismus stehen, wie beispielsweise in NRW und den Skigebieten des Sauerlands, die auch stark von niederländischen Besuchern frequentiert werden.

Der politische Wille, emissionsarme Mobilität zu fördern, ist nicht nur ein Gebot der Stunde und die Verpflichtung nach Unterzeichnung entsprechender Klimaschutzabkommen, wie dem Pariser Übereinkommen 2015.

Webtipp | Das Übereinkommen von Paris

https://www.bmz.de/de/service/lexikon/klimaabkommen-von-paris-14602
(Bundesministerium für wirtschaftliche Zusammenarbeit und Entwicklung)

Selbstverständlich betrifft dieses Klimaabkommen auch den Reiseverkehr, denn schließlich ist der vorübergehende Ortswechsel ein grundlegendes Element des Tourismus! „Um Emissionen zu verringern legt, die Bundesregierung einen Schwerpunkt darauf, die umweltfreundlichen Verkehrsträger wie die Schiene sowie ÖPNV und Fahrrad zu stärken und damit mehr Anreize für Verkehrsverlagerungen auch im Tourismus zu schaffen. Aber auch der Straßen-, Luft- und Schiffsverkehr sollen klimafreundlicher werden" (Arbeitsprogramm 2024, S. 18). Soweit die politischen Ziele, deren Umsetzen bzw. Erreichen jedoch noch in weiter Entfernung scheinen, betrachtet man das alltägliche Geschehen vor allem rund um die Mobilität auf Straßen und Schienen – gleich aus welchem Anlass. Andere Herausforderungen zu emissionsarmer Mobilität betrifft insbesondere den Flugverkehr sowie die Kreuzschifffahrt mit ihren hohen Stellenwerten auch für den Tourismus.

Folgende Handlungsfelder sieht die deutsche Verkehrspolitik:

- Einrichtung eines Deutschlandtakts mit schnellen und verlässlichen Verbindungen im Nah- und Fernverkehr, u.a. Halbstundentakt im Fernverkehr auf den innerdeutschen Hauptachsen
- Im Schienenverkehr Reisezeiten senken und Kapazitäten erhöhen
- Schnellere Reisezeiten auch in die für den Tourismus bedeutsamen ländlichen Regionen
- Ein fundamentaler Paradigmenwechsel in der Planung und Umsetzung von Bahninfrastrukturprojekten in Deutschland
- Stärkung des Schienenpersonenverkehrs durch die Weiterentwicklung der grenzüberschreitenden Verbindungen durch Hochgeschwindigkeitszüge zwischen den europäischen Metropolen
- Erhöhung der Attraktivität des ÖPNV, um die seine Nutzung zu steigern und die Verlagerung des motorisierten Individualverkehrs zu fördern sowie darüber hinaus die CO_2-Emissionen des Verkehrssektors zu reduzieren
- Förderung von Taktverdichtungen, Ausweitung der Linienangebote, Einführung oder Ausweitung von flexiblen On-Demand-Verkehren,

Verbesserung der Barrierefreiheit, Einführung von Bike-Sharing-Angeboten sowie Auf- und Ausbau von Mobilitätsstationen im Zusammenhang mit dem ÖPNV
- Deutschlandticket als Beispiel für die Digitalisierung im ÖPNV
- Verstärkter Ausbau der Radwege auch entlang von Bundesstraßen, Radschnellwege in Ballungsregionen für Einheimische, Umsetzung des Nationalen Radverkehrsplans 3.0 (NRVP 3.0), dabei wird der Radtourismus explizit genannt
- Förderung des klimafreundlicher Straßen- und Luftverkehrs, da viele Reisen auch weiterhin mit dem Auto unternommen werden
- Förderung der Elektromobilität und anderer alternativer Antriebsmöglichkeiten inklusive Ausbau der dazugehörenden Lade-infrastruktur
- Förderung emissionsarmer Schifffahrt/Kreuzschifffahrt

(vgl. Arbeitsprogramm 2024, S. 18ff.)

Verschiedenste Beispiele aus der Praxis, bei denen nachhaltige Mobilität bereits zum Einsatz kommt – und noch steigerungsfähig wäre, gibt es und einige sollen im Folgenden skizziert werden. Als eine frühe, wenn nicht sogar die älteste Form, die Gäste in einer Destination in den ÖPNV zu locken, ist die Gästecard, die neben diversen Vorteilen, wie beispielsweise vergünstigten oder auch kostenlosen Eintritten in Museen, auch die Nutzung des ÖPNV vor Ort miteinschließt. Solche Karten für Gäste gibt es in Städten, wo das Umsteigen vom eigenen Auto auf den ÖPNV bei einer attraktiven Infrastruktur oftmals leichter fallen dürfte (z.B. 🔗 https://www.stadtlandtour.de/ausfluege-aktivitaeten/touristenkarten-deutschland).

In ländlichen Regionen, wo die Taktung insbesondere an Wochenenden, wenn Schüler und Berufspendler nicht für ausgelastete Verkehrsmittel sorgen, und sich vielleicht nur noch ausgedünnte Verbindungen rechnen, gibt es ebenso Initiativen, die „klassischen“ Defizite des ÖPNV auf dem Lande zu minimieren und zum Umsteigen vom eigenen PKW in Bus und Bahn zu motivieren. Dass eine große ländliche Region im Mittelgebirge im Zusammenschluss zahlreicher Gemeinden und Verkehrsverbünde eine nachhaltige Mobilität ermöglichen kann, zeigt der Schwarzwald (vgl. SCHWARZWALD TOURISMUS o.J.a) seit zwei Jahrzehnten mit seinem KONUS-Programm. „KONUS“ steht für **KO**stenlose **NU**tzung des ÖPNV im Schwarzwald.

Box | Das KONUS-Programm

„Seit seiner Einführung im Jahr 2005 ist das KONUS-Programm ein Leuchtturmprojekt der Schwarzwald Tourismus GmbH (STG) und hat sich als bedeutendes Instrument im Kampf gegen den Klimawandel etabliert. Mit 148 teilnehmenden Kommunen und über 9.000 beteiligten Gastgebern ist es zu einem integralen Bestandteil des Tourismus im Schwarzwald geworden. Das System umfasst rund 12 Millionen Übernachtungen jährlich und trägt maßgeblich dazu bei, die CO_2-Emissionen im touristischen Kontext zu reduzieren. In der Tat entstehen etwa 80% der CO_2-Emissionen im Tourismus durch die Mobilität. Hier setzt KONUS an, indem es den Gästen kostenlose Nutzungsmöglichkeiten des öffentlichen Nahverkehrs in der gesamten Schwarzwaldregion bietet. Mit neun Verkehrsverbünden im gesamten Schwarzwaldgebiet ist KONUS das größte zusammenhängende Angebot zur kostenlosen ÖPNV-Nutzung auf Gästekarten-Basis in Deutschland und Europa."
(SCHWARZWALD TOURISMUS o.J.e)

Auch für die Mobilität mit E-Autos kann die Destination Schwarzwald Passendes anbieten – sei es für Gäste, die emissionsarm mit Bahn und Bus anreisen oder mit allen Emissionen eines Verbrennermotors in ihrem PKW, aber auch schon mit einem E-Auto. Die Verteilung der aktuell (2025) 165 Ladestationen im Schwarzwald wird über die Website von Schwarzwald Tourismus kommuniziert. Darüber hinaus soll es Möglichkeiten des E-Car-Sharings im Nördlichen Schwarzwald, im Hochschwarzwald sowie in Zell im Wiesental und in Schramberg geben; im Winter 2025 nennt dieser schlecht gepflegte Teil der Website jedoch nur das Angebot, ein Elektroauto am Rathaus von Zell im Wiesental zu buchen.

Besser scheint dagegen das über die Tourist-Info Dreisamtal buchbare Angebot, das gleichnamige Tal ab Kirchzarten auf einem „Retro-Roller" mit Elektromotor zu erkunden, wie es begeisterte Bewertungen vermuten lassen (TOURISMUS DREISAMTAL e.V. o.J.). Besitzerinnen und Besitzer einer KONUS-Gästekarte beispielsweise erhalten 20 % Ermäßigung auf die Roller-Miete, daneben gibt es auch noch für andere Zielgruppen Vergünstigungen. Mit einer SchwarzwaldCard kann ein E-Roller sogar für ein ganzes Wochenende kostenlos ausgeliehen werden – ein starkes Argument für die vielleicht ersten Annäherungen an Elektromobilität.

In diesem Zusammenhang müssen auch die außerhalb von Urlaubstagen viel genutzten verschiedenen Fahrradtypen mit elektrischem Antrieb genannt werden, die eine emissionsfreie Fortbewegung ebenso in einem Mittelgebirge möglich und attraktiv machen (SCHWARZWALD TOURISMUS o.J.b). 343 relevante Versorgungsstellen rund um das Fahrrad sind im Winter 2025 gelistet: 231 Ladestationen, 12 Servicestationen und ebenso 12 E-Bike- und sonstige Radverleihe.

Eine besondere Herausforderung für den ÖPNV auf den Straßen in ländlichen Räumen, die besonders für Wanderer interessant sind und eine entsprechende Infrastruktur über ein attraktives Wanderwegenetz verfügen, stellen Busverbindungen dar. Oftmals sind an Wochenenden und Feiertagen die Taktungen ungünstig oder Linien werden gar nicht erst bedient, weil wichtige Nutzergruppen wie Schüler und Pendler keinen Bedarf haben. Dem steht gegenüber, dass Tagestouristen in der Regel gerade dann ihre Wanderschuhe schnüren. Für touristisch relevante Ziele, wie beispielsweise Ausgangspunkten und Zielen von Rundwanderungen direkt ab Bahnhöfen oder Wanderparkplätzen entstehen daraus keine Probleme, wohl aber, wenn es sich um kürzere Streckenwanderungen und erst recht um Fernwanderwege handelt.

Eine nachhaltige Lösung sind in den Destinationen mit einem großen Aufkommen an Wanderern die sogenannten Wanderbusse. Als Beispiel möge das Bergische Land als ein beliebtes Ausflugsziel für die Region Köln, Düsseldorf und westliches Ruhrgebiet dienen. Der Bergische Wanderbus verkehrt von März bis Ende Oktober mit seiner ersten und letzten Fahrt von und zur S-Bahn-Haltestelle in Bergisch Gladbach und besitzt somit einen direkten Anschluss an das Verkehrsnetz von Köln. Diese Busse der Linie 267 verkehren samstags, sonntags und an Feier- & Brückentagen zwischen Odenthal und Wermelskirchen als Anbindung an die Wandergebiete Dhünn- und Eifgental. Diese Buslinie ist Teil des Verkehrsverbundes Rhein-Sieg (VRS) und ein Gemeinschaftsprojekt der Stadt Wermelskirchen, der Gemeinde Odenthal sowie des Rheinisch-Bergischen Kreises mit der Naturarena Bergisches Land GmbH. Es gelten die Tickets des VRS einschließlich der Mitnahmeregelungen für Personen am Wochenende und an Feiertagen. Auf der Strecke können Sie auch das Deutschlandticket nutzen. ... Es wird ein Kleinbus mit eingeschränktem Platzangebot eingesetzt, deshalb können Fahrräder auch nicht befördert werden (vgl. DAS BERGISCHE GMBH (o.J)). Wanderbusse in anderen Regionen können durchaus auch auf die

Wünsche von Radtouristen ausgerichtet sein und ebenso Transporte der Räder vornehmen.

Neben dem Angebot einer regelmäßig an bestimmten Tagen verkehrenden Buslinie, die besonders auf die Bedürfnisse von Wanderern Rücksicht nimmt, zum Beispiel mit Haltestellen „mitten" im Wald oder der Landschaft, wo kein Einheimischer ein- oder aussteigen wollte, bieten sich Rufbusse nach telefonischer Bestellung ein bis zwei Stunden vor der gewünschten Abfahrt an, wie sie in ländlichen Regionen für die allgemeine Versorgung der „autolosen" Bevölkerung schon lange existieren. In touristisch relevanten Gebieten können sich die Rufbusse auf eine stärkere Nachfrage einstellen. Als ein Beispiel für den Rufbusverkehr sei derjenige im Berchtesgadener Land genannt, der täglich von 7 bis 22 Uhr fahren kann. „Der RufBus Berchtesgaden ist eine Ergänzung zum öffentlichen Personennahverkehr und fährt fast alle bestehenden Haltestellen zwischen Bischofswiesen, Schönau am Königssee, dem Bergsteigerdorf Ramsau und Berchtesgaden an. Der RufBus Berchtesgaden ist ein modernes und flexibles Konzept, das durch seine einfache und schnelle Handhabung wesentlich zur Steigerung der persönlichen Mobilität beiträgt. Zudem stärkt der RufBus Berchtesgaden den Umweltgedanken, dem sich die Region rund um Berchtesgaden verschrieben hat. Bedient wird der RufBus durch die Fahrer der Taxizentrale Berchtesgaden e.G." (ZWECKVERBAND BERGERLEBNIS BERCHTESGADEN o.J.).

Auch für den Schienenverkehr gibt es gemäß dem Anspruch einer nachhaltigen Mobilität speziell zugeschnittene Angebote für verschiedene touristische Interessen. Dazu können neben dem Ausbau der touristischen Infrastruktur an bestehenden Bahnlinien auch die Wiederbelebung bereits stillgelegter Nebenstrecken regionaler Bahnen gehören, wie es die 19 Rad- und Wanderbahnhöfe Nordeifel beweisen. Die guten Anbindungen an die Regionen Aachen sowie Köln/Düsseldorf erlauben eine konsequent nachhaltige Mobilität schon bei An- und Abreise wie dem Aufenthalt in der Destination. „Entlang der Eifelbahn-Strecke Köln-Trier, der Bördebahn-Euskirchen – Düren und der ehemaligen Oleftalbahn-Strecke finden Sie 19 Bahnhöfe und -haltstellen, die speziell rad- und wanderfreundlich eingerichtet worden sind. Dort erhalten radfahrende und wandernde Gäste nützliche touristische Informationen, kleinere Serviceleistungen und einen direkten Einstieg in verschiedene Rad- und Wanderrouten" (NORDEIFEL TOURISMUS GMBH o.J.).

„How to Bahnfahren" – mit diesem Kasten auf der Website von NRW Tourismus gibt es einige wichtige Informationen für Menschen, die normalerweise eine Fahrt mit der Deutschen Bahn aus hinreichend bekannten Gründen vermeiden. „Bahnfahren. Zu spät. Zu voll. Zu laut. Anschluss verpasst. Andernfalls auch: in Ruhe lesen und Musik hören, die Landschaften aus dem Fenster vorbeistreichen sehen, träumen und die Vorfreude auf das (nächste) Reiseziel so richtig genießen. Nächster Halt: Nordrhein-Westfalen" (TOURISMUS NRW e.V. o.J.).

Ohne den Stress, irgendwo pünktlich ankommen zu müssen, lockt die DMO aktuell (2025) zu elf Bahntouren durch das Bundesland, bei denen Natur- und Kulturerlebnisse en passant und mit Zwischenstopps Typisches für NRW nahebringen. Von Landschaften, wie dem Rothaargebirge, dem Bergischen Land, der Eifel samt Nationalpark bis hin zu den Metropolen des Landes, den Städten alias Schauplätzen von Tatort-Krimis und sogar einer Schlösser-Tour mit der Bahn quer durch NRW. Sollte die Realität eine entspannte Fahrt mit der Bahn einholen, gibt es im Kasten „Wo bleibt die Bahn? Besondere Tipps für besondere Situationen! Die Bahn kommt mal wieder nicht? Kein Problem, in NRW gibt es genug zu entdecken" einige Empfehlungen, den Pfad der emissionsarmen Mobilität nicht zu verlassen.

Ein anderes Reisekonzept stellt das „Fahrtziel Natur" (FAHRTZIEL NATUR o.J.a) der Deutschen Bahn in Kooperation mit dem Bund für Umwelt und Naturschutz Deutschland (BUND), dem Naturschutzbund Deutschland (NABU) sowie dem Verkehrsclub Deutschland (VCD) dar. „Ziel der Kooperation ist es, den touristischen Verkehr in sensiblen Naturräumen vom privaten Pkw auf öffentliche Verkehrsmittel zu verlagern. Damit werden CO_2-Emissionen eingespart und ein aktiver Beitrag zum Klimaschutz und zum Erhalt der biologischen Vielfalt geleistet. Für dieses Engagement wurde Fahrtziel Natur wiederholt als offizielles Projekt der UN-Dekade Biologische Vielfalt ausgezeichnet" (FAHRTZIEL NATUR o.J.b). 24 Regionen bzw. Schutzgebiete, d.h. Nationalparke, Naturparke und Biosphärenreservate, zwischen dem Weltnaturerbe Wattenmeer, dem Biosphärenreservat Schorfheide-Chorin im Norden Deutschlands und dem Nationalpark Berchtesgaden und dem Naturpark Ammergauer Alpen sind beteiligt; grenzüberschreitend auch der Nationalpark Hohe Tauern Kärnten sowie das Fahrtziel Natur Graubünden. Für nachhaltige Mobilität in den Destinationen gibt es verschiedene Möglichkeiten, mit den lokalen Gästekarten in den entsprechenden Regionen sogar kostenlos mit dem ÖPNV mobil zu sein (FAHRTZ IEL NATUR o.J.c).

➲ Zusammenfassung

Politik und Verbände gehören mit ihren Aktivitäten als institutionelle Dimension ebenso zum großen Komplex der Nachhaltigkeit. Der bedeutende Wirtschaftszweig Tourismus gehört in Deutschland zu den Handlungsfeldern verschiedener Bundesministerien; federführend ist dabei das Bundesministerium für Wirtschaft und Klimaschutz (BMWK). Tourismus fällt aber u.a. auch in die Ressorts des BM für Ernährung und Landwirtschaft, BM für Digitales und Verkehr und BM für Umweltschutz, Naturschutz, nukleare Sicherheit und Verbraucherschutz. Das BMWK hat 2024 eine Nationale Tourismusstrategie mit dazugehörendem Arbeitsprogramm herausgegeben, in denen auch den verschiedenen Aspekte einen hohen Stellenwert eingeräumt wird.

Besondere Aufmerksamkeit erhalten die ländlichen Räume, für die der Tourismus oftmals als Wirtschaftsförderung und eine Antwort auf die Fragen zu Landflucht, demographischen Wandel und Strukturschwäche gesehen wird. Mit Bundesmitteln und Förderungen aus EU-Programmen sollen die ländlichen Regionen durch einen nachhaltigen Tourismus gestärkt werden.

Eine wichtige Rolle spielt die Mobilität, so dass hier einerseits die deutsche Verkehrspolitik gefordert ist, andererseits auch die Destinationen. Auf der Ebene des Bundes, mancher Bundesländer sowie Verbänden und dem Destinationsmanagement gilt es, eine nachhaltige, emissionsarme Mobilität zu fördern. Attraktive wie kreative Angebote werden bereits genutzt und tragen zur Verringerung des CO_2-Fußabdrucks bei. Einige Maßnahmen, bei denen als ÖPNV Eisenbahn und Bus sowie die Fortbewegung durch E-Mobilität genutzt werden – und sich durchaus als Inspiration oder Vorbild nutzen lassen, wurden vorgestellt.

➲ Reflexionsfragen

1. Welche Bundesministerien können für die Tourismusbranche mit welchen Maßnahmenpaketen fördernd wirken?
2. Welches sind die typischen Probleme in ländlichen Regionen mit einem starken Trend zur Landflucht? Inwieweit sind sie auch für den Tourismus relevant?
3. Recherchieren Sie ein LEADER-Projekt in einer Region, die Sie kennen. Welche Schritte gehörten dort zum Bewerbungsprozess? Wie beurteilen

Sie die Auswahl des entsprechenden Projekts? Würden Sie als nächsten Schritt ein anderes empfehlen?

4. Recherchieren Sie an ein, zwei Beispielen, wie die jeweilige Kulturlandschaft herausgestellt und in das Marketing einbezogen wird? Achten Sie bei der Website dabei auch auf die Bildauswahl und bewerten Sie diese.
5. Carsharing von E-Autos in der Destination: Welche Chancen ergeben sich daraus, am Urlaubsort ein solches Fahrzeug auszuleihen?
6. Recherchieren Sie, inwieweit sich „Flugscham" und eine bewusste Distanz zu Urlaubsflügen denn in der Praxis beobachten lassen. Wie wird darüber in den Medien diskutiert?

7 Nachhaltiges Destinationsmanagement

7.1 Nachhaltigkeitszertifizierung nicht nur gut fürs Marketing

Auch für eine Optimierung der Prozesse in einer Destination! Im Folgenden seien die Phasen bzw. Arbeitsschritte am Beispiel des Zertifizierungsverfahrens von TourCert (TOURCERT o.J., zit. Kriterien) skizziert und dabei einige Schwerpunkte gesetzt. Dieser Kriterienkatalog von TourCert wurde wiederum 2022 vom GSTC, dem Global Sustainable Tourism Council, anerkannt (GLOBAL SUSTAINABLE TOURISM COUNCIL o.J.). Der GSTC ordnet seinen Kriterien die entsprechenden SDGs zu, was TourCert jedoch nicht in dieser Weise übernimmt.

Webtipp | Beispiele

- https://tourcert.org
- https://www.gstcouncil.org/

Die wesentlichen Grundlagen für die Phase der Strategie und Planung sind zum einen „ein klares Bekenntnis von den lokalen Behörden zur Umsetzung des Nachhaltigkeitsprozesses“ und eine Tourismusstrategie, in die von Beginn an alle „maßgeblichen“ Interessengruppen einbezogen wurden (GLOBAL SUSTAINABLE TOURISM COUNCIL o.J., S. 1). „Das Thema Nachhaltigkeit ist in bestehenden Gremien der Destination institutionalisiert oder die Destination hat einen Nachhaltigkeitsrat etabliert, der sich aus Vertreter*innen verschiedener Interessengruppen zusammensetzt, einschließlich des privaten Sektors, des öffentlichen Sektors und der Zivilgesellschaft, die Dimensionen der Nachhaltigkeit (sozioökonomische, kulturelle und ökologische Fragen) berücksichtigt, Verantwortlichkeiten festgelegt hat und die nachhaltige Entwicklung der Destination fördert. Am Rat sind der private Sektor, der öffentliche Sektor und die Zivilgesellschaft beteiligt“ (a.a.O., S. 1).

Es wird ein Unternehmensleitbild erarbeitet, das die Bereiche der ökologischen wie sozialen Nachhaltigkeit fixiert. Zur geforderten Transparenz der Tätigkeiten der DMO gehört u.a. auch die Veröffentlichung dieses Leitbildes auf der Website der DMO.

Box | Touristisches Leitbild einer Destination

„Ein touristisches Leitbild oder ein Tourismuskonzept ist eine Grundvorstellung für die touristische Weiterentwicklung einer politischen Körperschaft (Land, Region, Gemeinde) oder einer Destination (Region, Ort, Resort), welches von einem Auftraggeber (Tourismusorganisation, politische Behörde) mit klarem Gestaltungswillen erarbeitet wurde, durch einen öffentlichen Charakter (z.B. durch Mitbeteiligung der Betroffenen, hoheitlichen Akt, Publikation) wirkt, von einer Situationsanalyse ausgeht und Zielsetzungen (normativer und/oder strategischer Art) und Maßnahmen/Strategien enthält. "
(BIEGER, BERITELLI 2013, S. 239)

Transparenz drückt sich auch in einem regelmäßigen Dialog mit den gesellschaftlich und wirtschaftlich relevanten Anspruchsgruppen (Stakeholder) des Tourismus aus, die dadurch in den Nachhaltigkeitsprozess der Destination einbezogen werden (vgl. a.a.O., S. 2). Eine besondere Aufmerksamkeit gilt bei den gesellschaftlichen Gruppen den Einwohnerinnen und Einwohnern, d.h. der Lokalbevölkerung, die keine beruflichen Bezüge zum Tourismus hat, wohl aber von den Auswirkungen des Tourismus betroffen ist (→ Kap. 7.2).

Zu den Handlungsfeldern einer nachhaltig agierenden DMO zählt natürlich auch eine Angebotsgestaltung für ihre Gäste, die den Anforderungen der diversen Aspekte der Nachhaltigkeit gerecht wird – von dem Möglichkeiten einer emissionsarmen Mobilität (→ Kap. 6.3) über die Wahrung ökologischer wie sozialer Nachhaltigkeit (→ Kap. 7.4).

Die ökonomische Sicherung – alias ökonomische Nachhaltigkeit – steht ebenso im Fokus der DMO. „Die Tourismusverantwortlichen erheben Kennzahlen zur Bewertung der wirtschaftlichen Stabilität der Destination, überwachen und veröffentlichen diese und setzen Ziele für ein angemessenes Wachstum – unter Berücksichtigung der ökologischen und soziokulturellen Nachhaltigkeit. Geeignete Maßnahmen können Nachweise über die Verteilung des wirtschaftlichen Nutzens umfassen" (a.a.O., S. 4). Aber auch über die eigene wirtschaftliche Stabilität gibt die DMO Auskunft. Die für viele Destinationen prägende Saisonalität mit ihren sozialen wie ökonomischen Auswirkungen ist ein wichtiges Handlungsfeld. Die regionalen Wirtschaftskreisläufe müssen einbezogen werden, wie beispielsweise in der

Gastronomie regionale, saisonale und möglichst auch „öko-faire" Produkte. Aber auch die Arbeit der DMO soll auf den Prüfstand gestellt werden: „Die DMO ermittelt die Zufriedenheit der Geschäftspartner*innen und Interessensgruppen mit ihren Dienstleistungen und ihrer Nachhaltigkeitsausrichtung" (a.a.O., S. 5).

Zur ökologischen Nachhaltigkeit, dem Schutz von Natur und Landschaft müssen die Auswirkungen des Tourismus identifiziert und gegebenenfalls reduziert werden. Dazu können der Erhalt der Biodiversität, aber auch die Bewahrung des für die Region charakteristischen Landschafts- und Ortsbildes gehören; eine Zusammenarbeit mit den zuständigen Institutionen ist selbstverständlich für eine zertifizierte Destination.

Ein Ressourcenmanagement ist ebenso Bestandteil einer TourCert-Zertifizierung. Hierbei werden Ziele und Maßnahmen zum Klimaschutz, zur Klimaanpassung und zur Reduzierung der Treibhausgasemissionen umgesetzt und darüber berichtet. Informationen über den prognostizierten Klimawandel, die damit verbundenen Risiken und die zukünftigen Bedingungen werden für Bewohner*innen, Unternehmen und Besucher*innen bereitgestellt (vgl. a.a.O., S. 7). Neben umweltschonenden Mobilitätskonzepten bei An- und Abreise sowie in der Destination sind Wasserverbrauch und Wasserrisiko, Wasserqualität, Abwasser, Licht- und Lärmverschmutzung, Energieeffizienz, Abfallmanagement, Papierverbrauch sowie ein umweltfreundliches Mitarbeitenden-Verhalten weitere Themen im Komplex Ressourcen. Um Ressourcen zu sparen und geographische Vorteile zu nutzen, sollen bei der Standortwahl, der Gestaltung, der Entwicklung und dem Management von Tourismuseinrichtungen eine Anpassung an den Klimawandel in Bauplanung und Gebäudemanagement einfließen.

Soziale Nachhaltigkeit wird unter „Kultur und Identität" sowie „Gemeinwohl und Lebensqualität" gefordert. Hier wird ein Bogen gespannt von Kulturgütern inklusive dem Umgang mit Artefakten und dem Souvenirhandel über Menschenrechte bis hin zu Arbeitsbedingungen in der Destination. Abschließend wird in dem Anforderungskatalog für die Zertifizierung als nachhaltige Destination das regelmäßige Angebot von Weiterbildungen/Schulungen für die Mitarbeitenden der DMO zu Nachhaltigkeits- und sonstigen Themen genannt.

Box | Bundeswettbewerb nachhaltige Destinationen

Als Pluspunkt fürs Marketing kann in Deutschland eine erfolgreiche Teilnahme am Bundeswettbewerb Nachhaltige Tourismusdestinationen verstanden und genutzt werden. Dieser Wettbewerb im Vier-Jahres-Turnus von Bundesministerium für Umwelt, Naturschutz, nukleare Sicherheit und Verbraucherschutz (BMUV), Bundesamt für Naturschutz (BfN) und Deutschem Tourismusverband e.V. (DTV) zeichnet in vier Kategorien Bewerberdestinationen unterschieden nach ihrer Größe bzw. Einwohnerzahl aus.
Die Siegerdestination erhält kräftige Unterstützung im Marketing, u.a. durch die Teilnahme an einer deutschlandweiten Online-Marketingkampagne der DB Fernverkehr AG sowie die Aufnahme in das Auslandsmarketingpaket der Deutschen Zentrale für Tourismus e.V. (DZT). Aber auch die besten Destinationen aus dem Kreis der Finalisten (unterschieden nach Startern und Fortgeschrittenen) sowie die Gewinner aus der Kategorie Best-Practice werden durch verschiedene Maßnahmen in ihrem Management wie Außendarstellung gefördert. In Kooperation mit der Exzellenzinitiative Nachhaltige Reiseziele wurden allen teilnehmenden Destinationen außerdem umfangreiche Austausch- und Vernetzungsangebote bereitgestellt.
(vgl. RECEP 2022/23a)

Box | Ausgezeichnete Destinationen des Bundeswettbewerbs 2022/23

„Bundesumweltministerin Steffi Lemke und der Geschäftsführer des Deutschen Tourismusverbandes Norbert Kunz zeichneten im Juni 2023 in Berlin die Gewinner des Bundeswettbewerbs Nachhaltige Tourismusdestinationen 2022/23 aus. Die Biosphäre Bliesgau ist Siegerin in der Kategorie „Fortgeschrittene" – die saarländische Tourismusregion setzte sich gegen die Sächsische Schweiz auf Platz zwei und das Allgäu auf Platz drei durch. In der Kategorie „Starter" wurden mit Oberstdorf und Vorpommern zwei Sieger gekürt. Bremerhaven belegte den dritten Platz. Neben den Auszeichnungen für die Siegerdestinationen wurden drei Best-Practice-Preise verliehen: Berlin überzeugte mit der Plattform „Sustainable Meetings Berlin". Zudem wurden der Ostseefjord Schlei für das Planungskonzept „Grenzen des Wachstums" und die Uckermark für

die Videokampagne „Tourism for Future – Uckermärkische Tourismusunternehmen im Interview“ ausgezeichnet.
(RECEP 2022/23b)

7.2 Das Problem, alle in ein Boot zu bekommen

Dieses Problem stellt sich jeder DMO, denn sie ist nicht weisungsbefugt nach außen, sondern nur innerhalb des Hauses, also der DMO. Daraus ergibt sich die Herausforderung bei der Umsetzung der gesteckten Ziele, möglichst alle entsprechenden Personen, Interessengemeinschaften und Institutionen selber zu überzeugen und/oder Verbündete für diese Aufgabe suchen. Die „Hohe Schule der Diplomatie“ muss hier zum Zuge kommen, um das Ziel einer nachhaltig agierenden Destination zu erreichen. Im Kreis derer, die sich in irgendeiner Form professionell mit dem Tourismus beschäftigen, mag es schon Unterschiede im Verständnis und der Bereitschaft zu einem abgestimmten nachhaltigen Management des eigenen Kleinbetriebs oder größeren Unternehmens geben, nicht minder entfernt mögen die Positionen zum Tourismus „vor der eigenen Haustür“ bei den Bewohnerinnen und Bewohnern der Destination liegen.

Die Tourismusakzeptanz der Lokalbevölkerung ist in diesem Zusammenhang ein weiteres Handlungsfeld der DMO – dessen erfolgreiche Bearbeitung auch in eine Zertifizierung von TourCert miteinfließt. „Die Erwartungen, Sorgen und Zufriedenheit der lokalen Bevölkerung mit dem Tourismus werden regelmäßig analysiert und ausgewertet. So kennt die DMO beispielsweise Beschwerdebriefe und Beschwerden der Bevölkerung zu touristischen Themen und integriert die Tourismusakzeptanz in Bürger*innenbefragungen. Außerdem ermöglicht und fördert die Destination die Beteiligung der Bevölkerung an der nachhaltigen Destinationsplanung und -verwaltung. Die Destination verfügt über ein System zur Verbesserung des lokalen Verständnisses für die Möglichkeiten und Herausforderungen des nachhaltigen Tourismus und zum Aufbau der Fähigkeit der Gemeinden, darauf zu reagieren“ (Kriterien, S. 11).

Zu den Gruppen, die beim Management einer DMO mit ins Boot geholt werden müssen, gehören gerade in den ländlichen Räumen regionale oder überregionale Interessengruppen, die sich beispielsweise im Naturschutz engagieren. Interessenskollisionen zwischen dem Erhalt der Biodiversität, dem Schutz sensibler Biotope vor Belastungen durch Freizeitsportler, Wanderer, Radfahrer etc. sowie dem Ausbau der touristischen Infrastruktur in bislang wenig erschlossene Bereiche sorgen schließlich für immer wiederkehrende Diskussionen. Kontroverse Meinungen im Umgang mit dem Wintertourismus oder andere durch den Klimawandel sinnvolle bis erforderliche Umstrukturierungen bringen weitere Debatten und erfordern Lösungen.

Tourismusbewusstsein und Tourismusakzeptanz in Destinationen werden zunehmend zu einem Betätigungsfeld für die Branche. Durch Institutionen auf Landesebene – Ministerien, LMOs bzw. Tourismusnetzwerke – oder Regionen sowie Städten werden seit wenigen Jahren empirische Untersuchungen initiiert oder durchgeführt (⟶ Box).

Eine vom Wirtschaftsministerium Baden-Württemberg 2023 herausgegebene Publikation mit dem Titel „QUERSCHNITTSBRANCHE TOURISMUS – Umsatzbringer, Jobmotor & Standortfaktor" setzt im Untertitel „Tourismus. Bewusst. Stärken. Daten, Informationen und Maßnahmenvorschläge zur Förderung des Tourismusbewusstseins" eindeutig den Fokus auf das Tourismusbewusstsein im Land (MINISTERIUM FÜR WIRTSCHAFT, ARBEIT UND TOURISMUS (BADEN-WÜRTTEMBERG) (Hrsg.) 2023; zit. B-W TOURISMUSBEWUSSTSEIN 2023).

Box | Tourismusbewusstsein und Tourismusakzeptanz

„Tourismusbewusstsein: Bezeichnung für das allgemeine Wissen in der Bevölkerung über den Beitrag des Tourismus zur Wertschöpfung und Schaffung von Arbeitsplätzen vor Ort sowie zur Erhöhung der Lebensqualität der Einheimischen."
„Tourismusakzeptanz: Bezeichnung für das Ausmaß, in welchem die Bevölkerung dem vor Ort stattfindenden Tourismus positiv oder negativ gegenübersteht"
(B-W TOURISMUSBEWUSSTSEIN 2023, S. 52).

Grundlage der empirischen Untersuchungen ist die vom Deutschen Institut für Tourismusforschung und dem Kieler Forschungsinstitut NIT (Institut für Tourismus- und Bäderforschung in Nordeuropa GmbH) 2017–2020 entwickelte Methode zur Messung der Tourismusakzeptanz: den sogenannten Tourismusakzeptanz-Saldo, kurz TAS genannt.

Box | Ermittlung der Tourismusakzeptanz

„Im Rahmen der im Auftrag des Ministeriums für Wirtschaft, Arbeit und Tourismus Baden-Württemberg umgesetzten Initiative „Tourismus. Bewusst.Stärken“ wurden in den Jahren 2022 und 2023 zwei repräsentative Befragungen durchgeführt, die die Stimmungslage in der Bevölkerung zum Tourismus in ganz Baden-Württemberg ermittelten.
Hierbei wurde der Tourismusakzeptanz-Saldo (TAS) ermittelt. Der TAS ist eine wichtige und bundesweit vergleichbare Kennzahl, die in der Bevölkerung die Wahrnehmung des Tourismus in seiner Bedeutung für den Wohnort (TAS Wohnort) und für die Befragten selbst (TAS Persönlich) misst. Diese Unterscheidung ist wichtig, da die Bevölkerung diese beiden Blickwinkel klar differenziert, frei nach dem Motto „Was zwar allgemein gut für meinen Wohnort sein kann, muss nicht zwangsläufig gut für mich sein.“
(B-W TOURISMUSBEWUSSTSEIN 2023, S. 14).

Aus den Erkenntnissen der Studie für Großregionen bzw. Destinationen in Baden-Württemberg seien einige allgemeinere genannt, insbesondere solche, die das Einbeziehen der lokalen Bevölkerung – die Forderung „alle in ein Boot zu holen“ – thematisieren.

„Die Einwohnerinnen und Einwohner nehmen bezogen auf ihre persönliche Situation weniger Auswirkungen wahr (überwiegend neutrale Haltung) als bezogen auf ihren Wohnort. Deshalb fällt die Tourismusakzeptanz auf der persönlichen Ebene auch vergleichsweise geringer aus (TAS persönlich). An dieser Stelle wird ein teilweise fehlendes Tourismusbewusstsein erkennbar. Die Menschen sehen keinen persönlichen Nutzen aus dem Tourismus für sich, obwohl sie sicherlich selbst auch die lokalen und regionalen Rad- und Wanderwege oder weitere Freizeiteinrichtungen (zum Beispiel Bäder oder Thermen) für eigene Freizeitaktivitäten nutzen, die in vielfacher Hinsicht auch von der Nutzung und von Einnahmen von auswärtigen Gästen abhängen“ (a.a.O., S. 14f.).

Aus den ermittelten Zahlen geht in dieser Untersuchung hervor, dass vielen Menschen der Nutzen für das Leben in der Region und den dort ansässigen Unternehmen noch nicht bewusst ist – von zahlreichen Arbeitsplätzen, Förderung des Infrastruktur bis zu Finanzmitteln für Pflicht- oder freiwillige Ausgaben der Kommunen für ihre Bürgerinnen und Bürger, insbesondere für Freizeit, Sport und Kultur. Letztere bedeuten als Teil eines touristischen Angebots, wie beispielsweise ein dadurch finanzierbares Schwimmbad, schließlich auch eine Erhöhung des Freizeitwerts und der Lebensqualität für Einheimische. Ehrenamtliche Tätigkeiten der lokalen Bevölkerung finden in den Ausflüglern und Touristen weitere Nachfrager, so dass sich das Engagement von Vereinen oder Einzelpersonen noch mehr lohnt und so auch zur sozialen Nachhaltigkeit beitragen kann. „Für den Tourismus sind viele Menschen in Vereinen (zum Beispiel Heimatvereine, Wanderverbände) ehrenamtlich tätig. Das stärkt die gesellschaftliche und soziale Struktur vor Ort und trägt zu Identitätsstiftung bei. Zudem würden ohne ihr Engagement viele Angebote (Brauchtum, Tradition) verloren gehen, wichtige Infrastrukturen (zum Beispiel Wanderwege) nicht gepflegt und Landschaften nicht geschützt werden können. Dieses Engagement gilt es zu würdigen“ (a.a.O., S. 20).

Ein umfangreicher Maßnahmenkatalog steht den Verantwortlichen in einer Destination zur Verfügung, um das Tourismusbewusstsein in ihrem Arbeitsgebiet zu fördern:

- Die Bevölkerung anhören, sie nach ihrer Meinung, ihren Bedürfnissen fragen und sie auch zu touristischen Veranstaltungen einladen.
- Auch für die Bevölkerung einen Mehrwert schaffen, indem das touristische Angebot auch für sie attraktiv ist.
- Teilhabe gewährleisten, indem die lokalen Vereine in das Tourismusgeschehen (zum Beispiel bei Veranstaltungen oder in die Produktgestaltung) integriert werden und somit auch davon profitieren können.
- Positiv und kontinuierlich die Bedeutung des Tourismus für den gesamten Ort und die eigene Bevölkerung kommunizieren, informieren; auch übergeordnete Tourismusthemen und Trends aufgreifen, die gerade vor Ort diskutiert werden, und diese in der Bevölkerung thematisieren.
- Mit lokalen Vorteilen argumentieren: „Individuelle Vorteile, die vor Ort durch den Tourismus entstehen, anhand von praktischen Beispielen verdeutlichen (zum Beispiel Angebotsvielfalt, Arbeitsplätze, Sauberkeit, Sicherheit, Einnahmen für Vereine, Einnahmen der Kommune). Bei prädikatisierten Orten: Ein Bewusstsein für den Kurorte-Status schaffen (zum Beispiel kurörtliche Infrastruktur, medizinische Grundversorgung, Arbeitsplätze) und dessen Bedeutung, dessen Vorteile und dessen Effekte greifbar machen.“

- Altersgruppenspezifisch kommunizieren und dabei „alle (!)“ Altersgruppen der eigenen Bevölkerung mit einer entsprechend angepassten Wort- und Bildsprache und dazu passenden Kommunikationskanäle ansprechen.
- Faktenbasiert argumentieren unter Nutzung von allgemeinen oder noch besser lokalspezifischen Daten oder Befragungen.
- Soziale, ökologische und ökonomische Nachhaltigkeit in Entscheidungen über touristische Aktivitäten einfließen lassen.
- Touristische Planungsprozesse für Tourismusprojekte transparent sowie nachvollziehbar gestalten und die Bevölkerung beteiligen; Entscheidungen begründen.
- Austausch gewährleisten, indem die tourismusrelevanten Akteurinnen und Akteure im Ort vernetzt und diese regelmäßig zu Treffen eingeladen werden.
- Im Ort sichtbar machen, wo Tourismus stattfindet und herausstellen, wo Infrastruktur und besondere Angebote nur durch Tourismus und Tourismusförderung entstanden sind.

(vgl. a.a.O., S. 41)

Webtipp | Tourismusbewusstsein – Beispiele für Erhebungen zum Thema

BAYERISCHES ZENTRUM FÜR TOURISMUS (2023):
🔗 https://bzt.bayern/wp-content/uploads/2023/02/Praesentation_Lebenszufriedenheit-Tourismusbewusstsein-Tourismusakzeptanz-Bayern_Schiemenz.pdf
BAYERISCHES ZENTRUM FÜR TOURISMUS (2022):
🔗 https://bzt.bayern/wp-content/uploads/2022/06/Lebenszufriedenheit-und-Tourismusakzeptanz-06_2022.pdf
RHEINLAND-PFALZ Tourismusnetzwerk/WENDLING, A. (2018):
🔗 https://rlp.tourismusnetzwerk.info/2018/01/19/tourismusbewusstsein-grundlage-fuer-strategische-entscheidungen-und-eine-perfekte-servicequalitaet/
THÜRINGEN Tourismusnetzwerk (2022)
🔗 https://thueringen.tourismusnetzwerk.info/2022/03/03/best-practice-tourismusbewusstsein-fuer-den-hochrhoener/

7.3 Wachsen, Lenken oder Limitieren?

Grundlage für diese Frage sind die vier Dimensionen der Nachhaltigkeit und die dazugehörenden SDGs, die bereits in vorangegangenen Kapiteln dargestellt wurden. Aspekte zu Wachstum, Lenkung und Limitierung sollen im Folgenden für zwei Gruppen von Destinationen angerissen werden – zum einen für Städte, die vom Overtourism betroffen sind, und zum anderen für Landschaften, in denen große Naturschutzgebiete, wie Nationalparks, Biosphärenreservate oder Regionen des Weltnaturerbes die Hauptattraktion für den Tourismus darstellen.

Gleich welcher Schutzgebietskategorie herausragende Naturräume zugeordnet werden, neben ihrem Schutz zum Erhalt gehört ein Bildungsauftrag zu den Pflichtaufgaben des Managements. Dies bedeutet, dass eben keine Käseglocke grundsätzlich und an allen Stellen über die Natur gestülpt, sondern das Wissen über diese wertvollen Räume vermittelt und somit ihr Wert ins allgemeine Bewusstsein gerückt werden soll.

Webtipp | Schutzgebiete und Bildungsauftrag – kein Widerspruch

🔗 https://www.biosphaerenreservat-rhoen.de/fileadmin/media/Downloads_-_PDF/UNESCO-Biosphaerenreservat/Rahmenkonzept2018/Bildung_Welche_Ziele_haben_wir.pdf

🔗 https://www.nationalpark-bayerischer-wald.bayern.de/lernort/index.htm

🔗 https://www.nationalpark-wattenmeer.de/lernort-wattenmeer/bne-im-watt/

🔗 https://hohetauern.at/de/bildung.html

Dieser Bildungsauftrag schließt Zielgruppen jedes Alters ein – angefangen bei den Kindern, die in der Zukunft die Verantwortung für diese Naturräume haben werden. Neben den Erfahrungen in der Natur und der Wissensvermittlung als Begleitprogramm für schulische Lerninhalte gelten diese beiden Ziele genauso für den Tourismus.

Hierbei können die Aufgaben, den Naturschutz, Erhalt der Biodiversität und Besuchermanagement zu gewährleisten, zu Herausforderungen werden, die ein Besuchermonitoring und Maßnahmen zur Besucherlenkung oder -limitierung erfordern. Wo sind im konkreten Fall die Tragfähigkeit (carrying capacity) und die Grenzen der akzeptablen Veränderungen (limits of acceptable change) einer geschützten Landschaft erreicht?

Grundlage hierfür ist ein Besuchermonitoring, das Aufschluss über Besucherzahlen, Besucherstruktur, Besucherbedürfnisse, die Verteilung der Besucher und ihr Verhalten im Schutzgebiet gibt (vgl. DICKHUT 2017, S. 125). „Die erhobenen Daten können Auskunft über die Wirksamkeit von Managementmaßnahmen geben und als Entscheidungsgrundlage für den Einsatz neuer Besuchermanagementmaßnahmen dienen“ (a.a.O.).

Die Beobachtungen im Gelände und Erhebungen fließen in ein Zonierungskonzept des Schutzgebietes ein. Eine Hierarchie von Zonen, in denen der Schutz der Biodiversität absoluten Vorrang hat bis hin zu solchen Gebieten, in denen eine intensivere touristische Nutzung vertretbar ist, wird festgelegt. Sogenannte Kernzonen, Entwicklungszonen und Managementzonen bestimmen die Einflüsse des Menschen und damit auch die Möglichkeiten des Tourismus in Form von harten und sanften Besucherlenkungsmaßnahmen (→ Abb. 13).

Das Erscheinungsbild einer vom Overtourism heimgesuchten Stadt ist hinreichend bekannt durch die diversen Medien, Fachliteratur, wie beispielsweise KIRSTGES (2020) oder KAGERMEIER (2021), oder vielleicht auch aus eigenen Erfahrungen. Wenn das Wachstum seine Grenzen erreicht hat bzw. überschreitet und damit die Zahl der Touristinnen und Touristen mehr negative als positive Auswirkungen auf eine Destination hat, werden eine Reihe von Maßnahmen nötig, um die für die lokale Bevölkerung oftmals nur schwer zu ertragende Situation zu verbessern.

Einige problematische Aspekte, die dem Overtourism zugeordnet werden können, sind:

- Menschenmassen in engen Altstadtgassen und Straßen, auf Plätzen
- Lange Warteschlangen vor Sehenswürdigkeiten und überfüllte Hot Spots
- Negative Auswirkungen auf den Wohnungsmarkt in den angesagten Städten; durch Privatvermietungen (z.B. Airbnb) sind größere Einnahmen zu erzielen als durch die Vermietung an Einheimische
- Angestammte Wohnviertel der lokalen Bevölkerung, insbesondere die Altstädte, verändern ihre Struktur; der Einzelhandel für den täglichen Bedarf der Einheimischen weicht Geschäften und Gastronomie für die touristische Nachfrage
- Preisanstieg nicht nur bei Mieten, sondern auch allgemein wegen zahlungskräftiger Touristen
- Schwer zu ertragende Lebensbedingungen für verbliebene Einheimische (Verhalten der Touristen, Lärm, Müll, Partys feiern)

- Gastronomie profitiert kaum von den Passagieren der Kreuzfahrtschiffe, da diese ihre Vollpension auf den Schiffen bezahlt haben
- Permanente Werbung für angesagte Locations durch Influencer etc. in den Sozialen Medien

Es stellen sich große Herausforderungen für lokale politische Institutionen, wie beispielsweise Stadtparlamente und Stadtverwaltungen, aber auch für die DMO, den Overtourism zu lenken und zu limitieren. Leider bietet sich hierfür nicht das Instrumentarium an, das in Naturräumen funktioniert.

Demarketing mag zwar eine theoretische Option sein, doch die Werbekraft von jedermann in den Sozialen Medien kann eine DMO nicht minimieren. „Gleichzeitig fällt es vielen Destinationen schwer, sich von dem selbst gewählten Wachstumspfad zu verabschieden" (KAGERMEIER 2021, S. 142).

Box | Die Overtourism-Studie der UNWTO

„Dieser Bericht analysiert die Wahrnehmung der Einwohner gegenüber dem Tourismus in acht europäischen Städten – Amsterdam, Barcelona, Berlin, Kopenhagen, Lissabon, München, Salzburg und Tallinn – und schlägt 11 Strategien und 68 Maßnahmen vor, um das Besucherwachstum in städtischen Reisezielen zu verstehen und zu steuern. Die Umsetzung der in diesem Bericht vorgeschlagenen politischen Empfehlungen kann einen inklusiven und nachhaltigen Städtetourismus fördern, der zur Neuen Städteagenda und den Zielen für nachhaltige Entwicklung beitragen kann."
(UNWTO 2018)

Im Jahr 2018 hat die Welttourismusorganisation der Vereinten Nationen die Studie UNWTO (2018): „Overtourism"? – Verständnis und Management des Wachstums des Städtetourismus über die Wahrnehmung hinaus, Zusammenfassung (⟶ Box) herausgegeben, die KAGERMEIER (2021, S. 146–181) ausführlich mit zusätzlichen Beispielen aus verschiedenen Destinationen vorstellt und bewertet. Auf die darin aufgeführten Strategien soll im Folgenden eingegangen werden.

„Auch bei den Managementansätzen der UNWTO steht die auch in vielen anderen Kontexten immer wieder formulierte räumliche Entzerrung als vermeintlich probates Mittel an erster Stelle" (a.a.O., S. 147). Zu bedenken wäre bei dieser Strategie, dass Einwohner die Touristenmassen in ihrer Stadt noch akzeptieren können, wenn sie nicht in ihre persönlichen Bereiche/Wohnviertel kommen. Das kann aber auch schon durch Airbnb etc. passieren und so Konfliktpotenziale mit sich bringen. In den Szenevierteln des New Urban Tourism wartet aber auch niemand auf umgelenkte Touristenströme von den traditionellen Sehenswürdigkeiten.

„Auch das an zweiter Stelle der UNWTO-Strategien genannte vermeintliche ‚Allheilmittel' einer zeitlichen Entzerrung lässt sich vermeintlich leichter formulieren als dann auch konkret umsetzen" (a.a.O., S. 151). Neue Angebote für die Vor- und Nachsaison erfüllen nicht zwangsläufig ihren Zweck, wenn es gegen gute Gründe für das bisherige Reiseverhalten geht. Badeurlaube am Meer, die Sommerfrische in ländlichen Regionen haben ihre Hauptnachfrage im Sommer, auch der Städtetourismus aus privaten Motiven hat im Unterschied zum Geschäftstourismus seine Hochsaison zwischen April und Oktober. „Auch freizeitorientierte Stadttouristen sind eben auf die Monate orientiert, in denen im Durchschnitt höhere Temperaturen und mit höherer Wahrscheinlichkeit angenehmeren (!) Witterungsverhältnisse zu erwarten sind" (a.a.O., S. 153). Die Atmosphäre einer Stadt u.a. auch mit Aufenthalten in Biergärten und in der Außengastronomie zu genießen, gehört zu den verständlichen Wünschen der Touristen. „Auch aus der Perspektive der Bewohner und Beschäftigten im Tourismus erscheint es durchaus plausibel, dass – genauso wie Rückzugsräume zu erhalten sind – auch ‚Ruhephasen' im Jahresverlauf vorhanden sind. In diesen gehört dann die Stadt wieder ganz den Bewohnern" (a.a.O., S. 154).

Durch neue ergänzende Angebote Nachfragespitzen zu kappen, wäre ebenso nur eine beschränkt umsetzbare Strategie. Die klassischen Sehenswürdigkeiten nach Baedeker, die neuen „places to be" lassen sich nicht vervielfältigen, die „Erfindung" neuer Routen durch eine Altstadt oder in andere Bereiche einer Stadt dürften auch nicht für eine nennenswerte erfolgreiche Umlenkung sorgen. Wer das erste oder zweite Mal in einer bestimmten städtischen Destination ist, wird vorrangig die wichtigsten Sehenswürdigkeiten abhaken wollen.

Limitierungsmöglichkeiten gibt es auch für vom Overtourismus heimgesuchte Destinationen. Insbesondere die Städte, die gleichzeitig noch Weltkulturerbestätten sind (z.B. Venedig, Dubrovnik) und damit eine weitere Zielgruppe anziehen, haben unter den Stopps von Kreuzfahrtschiffen zu leiden. Hier können die Städte die Zahl der pro Tag erlaubten Kreuzfahrtschiffe in ihren Häfen begrenzen. Wenn eine Kommune jedoch ihren Hafen stärker auslasten und Einnahmen generieren muss oder will, ist eine Limitierung kein Thema. Beschränkungen bei Busparkplätzen für den Ausflugsverkehr können unter bestimmten Umständen auch eine Maßnahme sein.

Manche touristisch interessante Stadt hat Bestimmungen zur privaten Vermietung von Wohnraum als Ferienquartiere erlassen, die ebenfalls einen limitierenden Charakter haben können. Andere Aspekte, wie beispielsweise Transparenz in den Nebeneinkünften von Wohnungsbesitzern und die damit fälligen Steuern, werden ebenso angestrebt.

Eintrittsgebühren in die Altstädte von Venedig und Dubrovnik lassen sich dort nur durch die besondere geographische und bauliche Situation realisieren, weil es nur wenige Zugänge gibt. Dass sich eine nennenswerte Zahl von Tagestouristen, die auf dem Landweg unterwegs sind oder per Kreuzfahrtschiff kommen, von einem Besuch der historischen Stadtzentren durch einen „Museumseintritt" abhalten lassen, sei dahingestellt.

Die UNWTO-Studie führt als weitere Strategien einer Besucherlenkung im Zusammenhang mit Overtourism eine Zielgruppensegmentierung, eine Stärkung des Tourismusbewusstseins und der Tourismusakzeptanz bei der lokalen Bevölkerung (⟶ Kap. 7.2), das Schaffen von Erlebnisoptionen auch für Bewohner, eine Verbesserung der Infrastruktur, die Kommunikation und Einbindung von lokalen Stakeholdern, die Kommunikation mit und Einbindung von Besuchern und als Grundlage aller Managementansätze ein Besuchermonitoring (vgl. KAGERMEIER 2021, S. 159ff.).

7.4 Weitere Handlungsfelder in der Destination

Zum Management einer nachhaltig handelnden Destination gehört selbstverständlich auch die Gestaltung möglichst vieler nachhaltiger Angebote für die Tagesbesucher wie Übernachtungsgäste. Die ökologische wie die soziale Nachhaltigkeit gilt es dabei zu implementieren. Nach den Vorgaben der TourCert-Zertifizierung (TOURCERT o.J.) schließt dies auch explizit eine Sensibilisierung der Gäste für die Nachhaltigkeit mit ein; ihre Rolle und ihre Mitverantwortung soll ihnen bewusst gemacht werden. „Die Besucher*innen werden über Nachhaltigkeitsprobleme in der Destination und die Rolle, die sie bei deren Lösung spielen können, informiert. Sie werden über sensible Standorte und kulturelle Veranstaltungen informiert. Gemeinsam mit Naturschutzbehörden, Kultureinrichtungen und lokalen Gemeinschaften wurden Grundsätze zu einem angemessenen Gästeverhalten sowie Maßnahmen zur Einbeziehung der Gäste entwickelt“ (KRITERIENKATALOG, S. 3). Auf allen möglichen Kanälen sind die Ansätze der ökologischen und sozialen Nachhaltigkeit zu kommunizieren. „Die Werbe- und Informationsinhalte über die Destination sind in allen Medien in Bezug auf ihre Produkte, Dienstleistungen und Nachhaltigkeitsansprüche korrekt. Sie spiegeln den Nachhaltigkeitsansatz der Destination wider und behandeln die lokalen Gemeinschaften sowie die natürlichen und kulturellen Güter mit Respekt“ (a.a.O., S. 4).

Wie sich Nachhaltigkeit in der touristischen Praxis nun konkret in Produkten und Dienstleistungen widerspiegeln kann, soll am Beispiel des Schwarzwalds gezeigt werden. „Du möchtest Deinen Urlaub im Schwarzwald möglichst nachhaltig verbringen? Dann bist Du hier genau richtig! Der Schwarzwald bietet Dir viele Angebote und Möglichkeiten, auch im Urlaub auf die Umwelt zu achten. Auf dieser Seite findest Du zertifizierte Gastgeberinnen und Gastgeber für Deine Übernachtung, regionale Produzenten für kulinarische Highlights, Angebote zum Mitmachen & Schützen des Waldes und natürlich auch unsere nachhaltigen Mobilitätsangebote“ (SCHWARZWALD TOURISMUS o.J.c).

Vier Handlungsfelder werden dazu genannt: „Nachhaltig übernachten“, „Regional essen & einkaufen“, „Nachhaltig unterwegs“ sowie „Schützen und mitmachen“. Nachhaltigkeit in Beherbergung und Gastronomie sowie eine nachhaltige Mobilität in der Destination müssen an dieser Stelle nicht mehr konkretisiert werden, wohl aber das Angebot an die Gäste, sich im Urlaub am Schutz ihres Ferienortes und seiner Natur zu beteiligen. „Schütze den Schwarzwald #echtvorbildlich. Nur Urlaub machen ist Dir zu langweilig? Oder Du wohnst im Schwarzwald und möchtest etwas für den Wald tun? Dann haben wir hier ein paar Möglichkeiten für Dein Engagement oder Deine Inspiration“ (SCHWARZWALD TOURISMUS o.J.d). Dafür werden Informationen gegeben und Kontakte genannt für „Clean up days – gemeinsam den Schwarzwald aufräumen“, Naturerlebnisse mit Respekt vor Wildtieren und korrektem Verhalten in verschiedenen Bereichen inklusive sportlicher Aktivitäten draußen, Unterstützung der ehrenamtlichen Tätigkeiten des Schwarzwaldvereins, die Möglichkeiten, durch geführte Touren mit Guides und spezialisierten Schwarzwald Rangern mehr über die Region zu erfahren bzw. zu lernen. Natürlich sieht man sich auch in der Verantwortung, den Nachwuchs mit Bewusstsein und Wissen rund um die Natur zu versorgen – dazu könnten Urlaubserlebnisse eine langandauernde nachhaltige Wirkung zeigen.

➲ Zusammenfassung

Der Prozess der Zertifizierung für eine Destination ist besonders komplex und umfangreich, weil eine Vielzahl von Stakeholdern und Interessengruppen berücksichtigt werden muss. Alle müssen sich zu einer gemeinsamen Nachhaltigkeitsstrategie bekennen. TourCert bietet dafür wiederum einen von der GSTC anerkannten Kriterienkatalog. Grundlage dieses Katalogs sind die 17 SDGs. Der Aufwand einer Zertifizierung lohnt sich nicht nur für die Außendarstellung, das Marketing, sondern auch für eine Optimierung der Abläufe innerhalb der Destination.

Eine große Herausforderung für eine DMO ist es, eine breite Akzeptanz und Beteiligung unter ihren Stakeholdern für eine nachhaltige Tourismusstrategie zu bekommen, da sie nicht weisungsbefugt ist. Viel diplomatisches Geschick ist zur Durchsetzung der Ziele nötig. Ein inzwischen anerkanntes Betätigungsfeld ist in diesem Zusammenhang die Förderung von Tourismusbewusstsein und -akzeptanz.

Das Ideal vom zahlenmäßigen Wachstum hat sich insbesondere für die Destinationen, die vom Overtourism betroffen sind, überholt. Die Frage nach Lenkung und Limitierung der Besuchermassen stehen dann im Vordergrund. Unterschiedliche Herausforderungen bestimmen das Besuchermanagement in städtischen Destinationen und solchen, die von Naturräumen geprägt sind. Die UNWTO hat 2018 eine Studie samt Strategien zum Management des Overtourism herausgegeben.

Die Nachhaltigkeit im Destinationsmanagement erfordert neben den bekannten Maßnahmen für nachhaltige Angebote für die Touristen auch die Umsetzung des Bildungsauftrags zur ökologischen und sozialen Nachhaltigkeit. So sollen entsprechende Angebote für die verschiedenen Zielgruppen erstellt werden.

➲ Reflexionsfragen

1. Recherchieren Sie zu TourCert! Welche Kompetenzen, die die praktizierte Nachhaltigkeit auch in so großen Komplexen wie einer Destination bewerten kann, werden hier gebündelt? Wer setzt hier die Standards fest? Wie läuft ein Zertifizierungsverfahren ab?
2. Nennen Sie Argumente, die für eine „echte" Bürgerbeteiligung in einer Destination bei der Planung und Gestaltung des Tourismus sprechen!

3. Gehen Sie im Internet auf die Suche nach zwei Destinationsleitbildern und vergleichen Sie sie! Finden Sie alle Aspekte der Vorgaben zu einem Leitbild von TourCert wieder? Können Sie sich eventuelle Unterschiede erklären? Kann man Aspekte des Leitbilds auch auf der Website und dem touristischen Alltag wiederfinden?
4. Welche Maßnahmen zur Förderung des Tourismusbewusstseins würden Sie in einer kleinen Destination vorschlagen, die Ihnen vertraut ist? Vielleicht für Ihren Heimatort?
5. Recherchieren Sie Beispiele, wie man in vom Overtourismus geplagten Destinationen eine Limitierung der Touristenzahlen zu erreichen versucht! Welchen Strategien der UNWTO-Studie gibt man den Vorzug? Bewerten Sie die Maßnahmen! Lassen Sie eventuelle eigene Erfahrungen an Orten des Overtourismus einfließen!
6. Insbesondere der Boom der Kreuzfahrtbranche verstärkt die Problematik des Overtourism. Inwieweit haben die Reedereien und Veranstalter ein Bewusstsein für die kritische Lage in den Hafenstädten und versuchen, mit eigenen Maßnahmen die Situationen zu entschärfen?
7. Welche Möglichkeiten gäbe es grundsätzlich in Destinationen wie Nationalparks, Biosphärenreservaten oder Regionen eines Weltnaturerbes, Besucher zu lenken und zu limitieren? Welche Maßnahmen könnten zu bestimmten Zeiten des Jahres notwendig sein?

8 Nachhaltiges Hotelmanagement

8.1 Das Lebenszyklus-Management in der Hotellerie

Nachhaltigkeit darf auch im Tourismus nicht vor dem Gebäudemanagement enden, sie sollte auch diese Schwelle überschreiten. Das Denken in Kreisläufen gehört mit zum Umsetzen von Nachhaltigkeit ebenso wie ein verantwortungsvoller Umgang mit Ressourcen. An diesen beiden Punkten setzt das Lebenszyklus-Management bei Immobilien an, das im Folgenden am Beispiel der Hotellerie dargestellt werden soll.

Box | Lebenszyklus-Management

Darunter versteht das Deutsche Institut für Normung (DIN) das „Managen aller Aktivitäten im Lebenszyklus von Immobilien mit dem Ziel einer Lebenszyklusphasen-übergreifenden Nutzungs-, Ressourcen- und Informations-Optimierung bei gleichzeitiger Umweltschonung" (DIN 2017, S. 4).
Das Ziel der Nutzungsoptimierung stellt insbesondere auf Zugänglichkeit, Flächenzuschnitt, Ausstattung und Gesundheit der Nutzer ab, Ressourcenoptimierung zielt auf die effektive und effiziente Inanspruchnahme von Arbeit, Kapital, Energie und Material. Informationsoptimierung fokussiert die Verfügbarkeit, Aktualität und Strukturierung von Informationen. Umweltschonung geht über den Nichtverbrauch von Ressourcen hinaus und versucht, umfassender zu denken, indem auch Emissionen aus der Herstellung, Nutzung und Verwertung von Gebäuden berücksichtigt werden."
(vgl. DIN 2017, S. 4f., zit. in MAYER-BONDE 2024, S. 166)

Baukosten und Anschaffungskosten sollten nicht nach der Devise „Geiz ist geil" betrachtet werden. Hochwertiges und damit teureres Material bzw. Ausstattung werden aufgrund einer längeren Lebensdauer letztlich preisgünstiger kommen und damit auch nachhaltiger durch weniger Ressourcenverbrauch, Energie und Emissionen – sogenannter grauer Energie – bei der Herstellung von Ersatz- oder Nachfolgeprodukten. „Eine Hotelimmobilie, die preisgünstig erstellt wird, aber immer wieder durch versteckte

Mängel vorzeitigen Reparaturaufwand auslöst, ist ebensowenig erstrebenswert wie vermeintlich günstige Teppichböden oder Handtücher, die schnell verschleißen“ (a.a.O., S. 167).

Ein hoher Energieverbrauch, der noch ansteigt, mit je mehr Sternen das Hotel klassifiziert wurde, ist charakteristisch. Mit dem Küchentrakt, der allgemeinen Beleuchtung, Heizung bzw. Klimaanlage, der Ausstattung der Zimmer, eventuell einem Konferenzbereich mit großen Sälen und dann vielleicht noch einem repräsentativen Spa besteht eine starke Nachfrage nach Energie (→ Kap. 8.2).

Mehr ökologische Nachhaltigkeit ist bei Neubau oder Umbau möglich, indem beispielsweise auch auf Auswirkungen des Klimawandels reagiert wird. Dies bedeutet auch, mehr Grün, mehr Pflanzen in die Gestaltung der Gebäude und ihrer Umgebung einzubeziehen, wie beispielsweise begrünte Dächer zur Isolierung der Baukörper nach oben sowie Fassaden, in die Gruppen von Pflanzen, wenn nicht gleich größere vertikale Gärten, integriert werden – mehr Pflanzen können so ihrer Funktion als CO_2-Speicher nachkommen bzw. Verdunstungskühle produzieren. Ein Rückbau der Versiegelung von Böden durch Asphalt, Platten und andere Materialien, der wieder eine Verdunstung aus dem Boden ermöglicht, aber auch bei Extremwetter eine schnellere Aufnahme größerer Regenmengen erlaubt, trägt zur Verbesserung des Mikroklimas im direkten Umfeld eines Gebäudes, eines Hotels bei. Angesichts von steigenden Durchschnittswerten der Jahrestemperaturen hierzulande und den durch den Klimawandel verstärkten Hitzeperioden muss Wärmereduzierung nicht nur ein Thema der allgemeinen Stadtentwicklung sein. Das von der Natur verbesserte Mikroklima hilft u.a. Energiekosten zu sparen und kann zudem noch das Wohlbefinden von Gästen sowie im Betrieb arbeitenden Personen steigern – und damit auch einen kleinen Beitrag zur sozialen Nachhaltigkeit leisten.

Box | Stadtklima

Die Innenstädte mit ihrer dichten Bebauung, den zahllosen Gebäuden mit Fassaden aus wärmespeichernden Baumaterialien (Hochhaustürme der Hotellerie stellen oft keine Ausnahme dar), eine rudimentäre bis fehlende Vegetation, kaum Wasserflächen und die fehlenden oder zugebauten Frischluftschneisen sorgen u.a. dafür, dass sich die Stadtzentren als Wärmeinseln stärker aufheizen als die nächsten Bereiche des Umlands. Verstärkt durch Abgase und andere CO_2-Emissionen muss das typische Stadtklima als ein belastendes bezeichnet werden – keine optimale Voraussetzung für den Städtetourismus.

Ökologische Nachhaltigkeit beim Innenausbau eines Beherbergungsbetriebs kann sich in der Verwendung von Holz für die Raumgestaltung sowie seine Ausstattung durch die Verwendung von Hölzern aus nachhaltig zertifizierten Beständen ausdrücken. Zahlreiche weitere Maßnahmen zu Energieeffizienz beim Bauen, wie Passivhäuser etc. haben eine Reduzierung des Energieverbrauchs und Senkung von CO_2-Emissionen zum Ziel.

Wenn eines Tages eine Nutzung als Beherbergungsbetrieb – gleich aus welchen Gründen – nicht mehr möglich ist, so könnte die Immobilie je nach Bautyp neue Funktionen übernehmen: „Hotels könnten in Seniorenresidenzen, Plattenbauten in Budget-Hotels, Apartment-Hotels in Studierenden-Wohnungen umgewidmet werden. Zentrale Standorte mit guter Erreichbarkeit durch öffentliche Verkehrsmittel, Veränderbarkeit der Immobilie (mobile Elemente, großzügige Raumhöhe, offene Leitungsverlegung, Leitungsführung in Schächten) und mögliche Nachrüstungen ohne allzu großen Aufwand erhöhen die Flexibilität“ (a.a.O., S. 167).

Ein Grundsatz des Gebäudemanagements im Allgemeinen wie im Besonderen für die Hotellerie lautet: „Eine isolierte Sicht auf nur eine Ressource wie Anschaffungskosten, Energie oder Materialbeschaffenheit greift insofern zu kurz. Sinnvoll ist stattdessen eine ganzheitliche Sicht, die über den gesamten Immobilien-Lebenszyklus hinweg sparsame Materialkreisläufe und energetische Autarkie mit ökonomischer Effizienz verbindet“ (a.a.O. S. 168). Ökologische und ökonomische Nachhaltigkeit lassen sich somit verbinden.

8.2 Vom Klima- und Wasserfußabdruck im Gastgewerbe

An einem relativ hohen Energie- und Wasserverbrauch kommt ein Hotelbetrieb zumal in den höchsten Sternekategorien bzw. im Luxussegment nicht vorbei, aber trotzdem oder bzw. bei diesen Anforderungen erst recht, gilt es, Sparpotenziale im Ressourcenverbrauch zu nutzen – dies kann sich selbst bei Investitionen auf die Dauer gesehen in einem pekuniärem Sparen niederschlagen.

Box | Nachhaltigkeit zwischen Lippenbekenntnissen und Handeln

„Der Gast des 21. Jahrhunderts schätzt Nachhaltigkeit – dies ist mittlerweile keine neue Erkenntnis mehr. Zahlreichen Studien oder auch dem Nachhaltigkeitsbericht des Hotelkonzerns Accor zufolge achten Touristen zwar mehr und mehr auf Themen wie sauberes Klima, gesunde Umwelt und faire Arbeitsbedingungen und nehmen sogar freiwillig Einschränkungen zu Gunsten der Nachhaltigkeit in Kauf. Jedoch zeigt ein Großteil noch keine Bereitschaft, die jeweilige Umsetzung auch monetär zu kompensieren. Zwischen der Einstellung zur Umwelt und dem tatsächlichen Umweltverhalten der Deutschen besteht also eine Diskrepanz."
(FREYBERG 2024, S. 111)

Seien es die inzwischen gestiegenen und weiter steigenden Kosten für Energie, seien es die international vereinbarten Ziele eines niedrigeren Energieverbrauchs inklusive der steigenden Abgaben durch höhere CO_2-Kosten, sei es eine weiter verbreitete Erkenntnis, dass ein konsequenteres Handeln im Hinblick auf die Auswirkungen des Klimawandels unerlässlich sind – siehe Generationengerechtigkeit, das Ressourcenmanagement und seine Auswirkungen beispielsweise auf die Betriebskosten haben einen hohen Stellenwert. „Der verantwortungsvolle Umgang mit Ressourcen (Strom, Wasser, Wärme) spart Kosten und schont die Umwelt. CO_2-Emissionen können somit systematisch gespart werden" (STOMPOROWSKI/LAUX 2019, S. 74). Um den Erfolg der Einsparungsmaßnahmen bewerten zu können, ist die kontinuierliche Erhebung von Kennzahlen zum Energie- und Wasserverbrauch, den CO_2-Emissionen sowie den Abfallmengen und weiteren Posten notwendig.

Der aktuelle Umstieg auf erneuerbare Energien alias Ökostrom aus Windkraft, Photovoltaik-Technologien, Erdwärme, Biomasse oder Wasserkraft je nach geographischen und regionalen Gegebenheiten lässt sich auch in der Hotellerie realisieren.

Auf europäischer Ebene werden die Anforderungen an den Energieverbrauch sowie eine umweltverträgliche Gestaltung von Geräten, d.h. Reparierfähigkeit durch ein Energie- bzw. Ökodesignlabel festgelegt. „Die Europäische Kommission hat mit der Ökodesign-Richtlinie einen Rahmen dafür geschaffen, dass bestimmte energieverbrauchsrelevante Produkte nur dann auf den EU Markt gebracht werden dürfen, wenn sie Mindestanforderungen an eine umweltverträgliche Gestaltung („Ökodesign") erfüllen. Mindestkriterien an die Umweltverträglichkeit werden dabei im Einzelnen pro Produktgruppe durch Verordnungen festgelegt" (UMWELTBUNDESAMT o.J.c, S. 2).

Als Maßnahmen zum Stromsparen im Alltagsgeschäft eines Hotels nennen STOMPOROWSKI/LAUX (vgl. S. 200f.) beispielsweise folgende:

- Stromverbrauch:
  Nutzung von Ökostrom, Eigenerzeugung von Energie, LED-Beleuchtung, Berücksichtigung von Energieeffizienz, Installation von Bewegungsmeldern, kontrollierter Umgang mit der Beleuchtung, regelmäßiger Reinigung der Kühlaggregate der Kühlungssysteme, Energieaudit und Überprüfung der Verbräuche
- Gerätemanagement:
  Verzicht auf Stand-by-Betrieb, schaltbare Steckdosenleisten, regelmäßige Entkalkung von Geräten, sparsamer Einsatz von Wärmeplatten, Geschirrspüler und Waschmaschine an die zentrale Warmwasserversorgung anschließen
- Richtiges Heizen und Lüften:
  Prüfen der Effizienz der Heizungsanlage, Wahl der richtigen/angemessenen Temperaturen, Verzicht auf Außenheizung in der Außengastronomie, richtiges Lüften (Stoßlüften), systematische Steuerung prüfen (nur belegte Zimmer heizen, im Winter Teile des Hotels nicht belegen, um Energie einzusparen)
- Wasser sparen:
  Nutzung von Strahlreglern (Perlatoren) bei Wasserhähnen und Duschen, Reparieren von tropfenden Wasserhähnen und Duschköpfen, Toiletten mit Doppelspültaste ausrüsten, Geschirrspülmaschinen nur voll befüllt anstellen, Filter regelmäßig reinigen.

Als älteste Maßnahme Energie und Wasser im Hotelbetrieb zu sparen, gelten wohl die immer noch sinnvollen Aufkleber in den Badezimmern zum überlegten Wechsel von Handtüchern. Inzwischen wird mancherorts auch ein bewussterer Umgang mit dem Wechsel der Bettwäsche und einer nicht täglichen Zimmerreinigung propagiert – teils gefördert durch kleine Belohnungen/Vorteile, so die Österreichische Hotelvereinigung: „Stellen Sie sich vor, was es bedeuten würde, wenn ein maßgeblicher Teil der Zimmer nicht täglich gereinigt werden müsste oder auch nur Bettwäsche und Handtücher weniger oft gewechselt werden würden! Ihre Mitarbeiter:innen wären entlastet, die Wäscherei-Kosten würden sinken, Sie würden Reinigungsmittel und Amenities sparen, die Umwelt schonen und viele Gäste begeistern“ (ÖSTERREICHISCHE HOTELVEREINIGUNG o.J.). Die Schlüsselkarte für den zentralen Stromverbrauch im Zimmer oder auch das Abschaffen des Energiefressers Minibar stellen weitere Möglichkeiten dar, den Energieverbrauch zu reduzieren.

Webtipp | Weitere Tipps für einen nachhaltigen Umgang mit Wasser in touristischen Einrichtungen

🔗 https://www.umweltbundesamt.de/massnahmen-wassersparen-in-touristischen#massnahmen-zum-wassersparen-in-touristischen-einrichtungen

8.3 Saisonal und regional – Nachhaltigkeit im Food- und Beverage-Bereich

Der Klima- und der Wasserfußabdruck sind auch im Food- and Beverage-Bereich ein Thema – sei es durch die Produktion, Verarbeitung, Lagerung sowie den Transport von Lebensmitteln. Insbesondere die ökologische Nachhaltigkeit kann durch regionale, saisonale Produkte sowie vegetarische und vegane Speiseangebote in hohem Maße erreicht werden.

Box | Gegessen wird auch außer Haus

„Auch beim Essen außer Haus zählt vor allem der Geschmack. Dies ist für fast alle (99 Prozent) ausschlaggebend. Für 64 Prozent ist der Preis ein entscheidender Faktor, wobei dies vor allem für 80 Prozent der unter 30-Jährigen von Bedeutung ist. Bei den 45- bis 59-Jährigen und den ab 60-Jährigen sind es 59 Prozent und 58 Prozent. Kategorien wie Herkunft der Lebensmittel, Regionalität und Saisonalität sind dagegen vor allem für die beiden älteren Gruppen (45 bis 59 sowie über 60 Jahre) ausschlaggebende Aspekte (66 und 65 Prozent).“
(BMEL ERNÄHRUNGSREPORT 2024, S. 22)

Wie die Zahlen für die Wertschätzung von Regionalität und Saisonalität erahnen lassen, braucht es bei den Nachfragern, eine gewisse Reife, diese beiden Kriterien zu schätzen. In der Gastronomie spiegeln sich diese beiden Aspekte schon längst auf den Speisekarten wider – u.a. auch in kulinarischen Themen in entsprechenden Regionen wie Spargelwochen in den bedeutendsten Erzeugergebieten in Deutschland, Wildwochen in Landschaften mit entsprechenden Jagdgebieten oder beispielsweise vom Titel schon eindeutig regional: den Odenwälder Kartoffelwochen.

Am Beispiel der Erdbeeren sei die Bedeutung von Regionalität und Saisonalität aufgezeigt. Die Erntezeit im Freilandanbau fällt in den Hauptanbaugebieten Deutschlands (Niedersachsen, Nordrhein-Westfalen und Baden-Württemberg) in der Regel in die Zeit von Mai bis Juli. Dann haben die Pflanzen die besten Bedingungen zu reifen, ihr Aroma und ihren Geschmack zu entwickeln. Durch die Nähe großer Absatzmärkte können Erdbeersorten angebaut werden, die nicht auf Haltbarkeit für lang dauernde Transporte per LKW aus dem Mittelmeerraum gezüchtet wurden – dies erklärt, warum Erdbeeren bei einem Weihnachtsmenü höchstens mit ihrer roten Farbe punkten können. Bei regionaler Produktion werden die Früchte am Vorabend ihres Verkaufs oder in den frühen Morgenstunden gepflückt und können so im reifen Zustand in den lokalen Handel wie in die Gastronomie kommen. Regionalität und Saisonalität stellen somit auch Qualitätsmerkmale dar, ebenso wie die Produkte mit geschützter geographischer Herkunft, die auch wegen ihrer garantierten Qualität nicht minder interessant für die Gastronomie wie den Handel sein können.

Box | Schutz von geografischen Angaben und Namen traditioneller Spezialitäten

„Die geografischen Angaben „g.U." (geschützte Ursprungsbezeichnung) und „g.g.A." (geschützte geografische Angabe) sowie die „g.t.S." (garantiert traditionelle Spezialität) wurden von der Europäischen Union (EU) im Jahre 1992 als System zum Schutz und zur Förderung traditioneller und regionaler Lebensmittelerzeugnisse eingeführt."
(BUNDESMINISTERIUM FÜR ERNÄHRUNG UND LANDWIRTSCHAFT o.J.)

Regionalität kann auch durch Regionalmarken, Regionalinitiativen oder regionalen Markenkooperationen umgesetzt werden, die ebenfalls die Lebensmittelproduktion einer Region fördern – ökonomische Nachhaltigkeit kommt hier somit zum Zuge. Regionen wie Landschaften auch zu schmecken, kulinarisch zu erleben, ist schließlich ebenso ein Thema für Gastronomie und Tourismus.

Maßnahmen, die für einen nachhaltigen Umgang mit Lebensmitteln in der Gastronomie gelten, vom Einkauf bzw. der Auswahl der Lieferanten, den Aspekten Regionalität und Saisonalität, der Rolle von Bioprodukten bis hin zum Einsatz von Fisch und Fleisch, aber auch den Aspekten der Wissensvermittlung im Rahmen des Guest Relations Management sowie der Vermarktung, seien im Folgenden skizziert (vgl. STOMPOROWSKI/LAUX 2019, S. 203ff.):

- Lieferanten:
  Bei der Auswahl auf Nachhaltigkeit achten; wie viele Fahrten, zurückzulegende Kilometer und daraus resultierende CO_2-Emissionen, Transportkosten fallen an, Lieferantenkodex und zertifizierte Lieferanten/Produzenten
- Verwendung regionaler Produkte:
  bessere CO_2-Bilanz, für die Region typische und auch traditionelle Produkte, Gerichte und Getränke anbieten; „eine Region schmecken" können als Marketingthema sowie Instrument der Kundenbindung (kulinarische Alleinstellungsmerkmale samt Informationen dazu) der Region/Landschaft dienen
- Verwendung saisonaler Produkte:
  Saisonalität auf die Speisekarten bringen, Bewusstsein bei Konsumenten fördern
- Verwendung von Bioprodukten:
  Herausstellen der ökologischen Nachhaltigkeit bei ihrer Produktion, Bioprodukte können einen Beitrag zum Umweltschutz und zur Förderung einer gesünderen Lebensweise leisten,
- Gemeinsame Auftritte mit den Produzenten und Aktionen bei Spezialitätenwochen o. Ä., Erlebnisse schaffen, Wissensvermittlung rund um Lebensmittel und Kochtraditionen in der Region
- Fisch und Fleisch:
  Für beide Tiergruppen gilt das Gebot der Nachhaltigkeit, was u.a. artgerechte Haltung und Ernährung oder auch zertifizierte Fangmethoden umfasst. Die Verwertung des ganzen Tieres – „from nose to tail" – wäre ein nachhaltiges Handeln in der Küche.

- Für eine konsequent an der Nachhaltigkeit orientierten Speisekarte gilt aus verschiedenen Gründen auch eine Reduzierung des Fleisch- und Fischkonsums zugunsten von vegetarischen und veganen Alternativen.

Box | Der Trend zu vegetarischem und veganem Essen

„43 Prozent der Frauen und 34 Prozent der Männer greifen öfters zu vegetarischen oder veganen Produkten. Auch das Alter spielt eine Rolle: 58 Prozent der 14- bis 29-Jährigen haben öfters vegetarische oder vegane Alternativen gekauft. Bei den über 60-Jährigen sind es 24 Prozent.“ (BMEL ERNÄHRUNGSREPORT 2024, S. 10)

Eine Kommunikation über die praktizierte Nachhaltigkeit im Food & Beverage-Bereich kann auch direkt wie indirekt mit dem Gast stattfinden. Als Anregung dafür können Aufsteller auf den Tischen oder am Büffet zu besonders nachhaltigen Speisen, wie regionalen und saisonalen Spezialitäten dienen. Darüber hinaus bietet die Speisekarte Möglichkeiten, über die Einkaufsphilosophie, Speisenangebot zu informieren und eventuell auch kooperierende Erzeuger aus der Region vorzustellen (vgl. STOMPOROWSKI/LAUX 2019, S. 126). Nicht nur eine Region kulinarisch kennenzulernen, sondern auch kleine Einblicke „hinter die Kulissen“ zu bekommen, könnte manchen Gast die Destination abseits des gewöhnlichen touristischen Interesses etwas näher bringen – und vom Warten auf das Essen ablenken!

Ein wichtiger Aspekt im Zusammenhang mit Nachhaltigkeit rund um Lebensmittel in der Gastronomie sind die Lebensmittelabfälle. Sie durch eine gute Planung zu reduzieren, sie mittels einer Resteverwertung in neue Gerichte umzuwandeln oder die Möglichkeiten nutzen, entweder den Gästen anbieten, nicht verzehrte Speisen mitzunehmen oder ermöglichen, über das Internet und entsprechenden Apps die Essensüberschüsse kostengünstig an Interessierte jenseits des Außer-Haus-Betriebs weiterzugeben. Die Abgabe an die „Tafeln“ wären je nach Art der übrig gebliebenen Lebensmittel ebenso eine Option. Grundlegend bei allen Weitergaben von Lebensmitteln ist das Einhalten von Hygienestandards und ordnungsrechtlichen Vorgaben.

Der folgende Blick in die Praxis zeigt, welches Potenzial in der Verringerung von Lebensmittelabfällen im Gastgewerbe steckt und welche Kosten in Form von Ressourcen und Geld ebenso damit verbunden sein können. Ökonomische Nachhaltigkeit ließe sich hier steigern.

Box | Lebensmittelabfälle in der Gastronomie

„Lebensmittelabfälle in der Gastronomie waren bis vor kurzem und sind immer noch nicht wirklich ein Thema. Gleichzeitig zeigt ein Blick in die Praxis erstaunliche Ergebnisse: Die Initiative UAW (United Against Waste) kam in ihren Abfallanalysen in Hotelküchen auf ein Ergebnis von 27% Abfall pro Mahlzeit. Die Abfälle basierten insbesondere auf Überproduktion. Reste auf Gästetellern (Tellerrücklauf), Produktionsabfälle und Abfälle aus Lagern (z.B. abgelaufenes Mindeshaltbarkeitsdatum [sic]) kommen hinzu (vgl. Tophotel/Hotel + Technik 2019, S. 22).
Bricht man die mit Food Waste verbundenen Kosten auf, sind die eingekauften Lebensmittel und die mit der Herstellung verbundenen Arbeitskosten die zentralen Kostentreiber. Hinzu kommen – in geringem Ausmaß – Energie-, Verwaltungs-, Wasser- und Transportkosten (vgl. Legrand/Chen/Laeis 2023, S. 150). Unternehmen setzen aus ökonomischen und ethischen Motiven inzwischen digitale, auch auf KI basierende Tools ein, um Lebensmittelabfälle zu reduzieren (vgl. o. V. 2023, S. 98ff.)."
(MAYER-BONDE 2024, S. 167f.)

8.4 CSR beim Personalmanagement – das Plus in sozialer Nachhaltigkeit

Soziale Nachhaltigkeit drückt sich im Personalmanagement nicht nur in der Hotellerie u.a. in den gesetzlichen, tariflichen wie betrieblichen Sozialleistungen aus. Hierzu können „Beiträge zur Renten-, Arbeitslosen-, Kranken- und Pflegeversicherung, Geburtstags- und Jubiläumsleistungen, Betriebsarzt/Gesundheitsvorsorge, Integration Schwerbehinderter, Urlaubs- und Weihnachtsgeld, Lohnfortzahlung im Krankheitsfall, Vermögenswirksame Leistungen, Sonderurlaub für Heirat, Umzug, Sterbefall, Zahlung im Sterbefall, Berufsgenossenschaft" gehören (BAIER 2024, S. 282). Mit freiwilligen Leistungen des Arbeitgebers kommt dann CSR als Plus zum Zuge.

„Die Forderung nach zunehmender gesellschaftlicher Verantwortung und die Diskussion darüber, wie nachhaltiges Wirtschaften zur Lösung der gegenwärtigen globalen Herausforderungen beitragen kann, wird in Europa seit Anfang der Jahrtausendwende unter dem Schlagwort

Corporate Social Responsibility (CSR) geführt“ (BALAS 2017, S. 243). Die Europäische Kommission entwickelte daraufhin eine Definition von CSR und formulierte damit die soziale Verantwortung von Unternehmen über ihre rechtlichen Verpflichtungen gegenüber Gesellschaft und Umwelt hinaus, freiwillig soziale, ökologische, ethische, Menschenrechts- und Verbraucherbelange in enger Zusammenarbeit mit den Stakeholdern in die Betriebsführung in ihre Kernstrategie zu integrieren (vgl. EUROPÄISCHE KOMMISSION 2011, S. 7).

Mögliche freiwillige Leistungen zu Gunsten von Angestellten könnten Verbesserungen der Arbeitsbedingungen, von der Ausstattung der Arbeitsplätze bis hin zum Betriebsklima sein, eine Förderung der Work-Life-Balance u.a. durch Mitsprache bei der Erstellung der Dienstpläne bis hin zu flexiblen Arbeitszeitgestaltungsmodellen, die familiäre Verpflichtungen und Arbeitszeiten für beide Seiten optimal koordinieren. Angesichts der Defizite bei der Kinderbetreuung in Deutschland wären bei großen Häusern oder einem nachbarschaftlichen kollegialen Verbund Lösungen anzustreben, die vor allem die Arbeitsplätze, Qualifikationsmöglichkeiten und Aufstiegschancen von Mitarbeiterinnen betreffen.

Gesundheitsfürsorge und letztendlich Stärkung der Arbeitskraft der Angestellten bieten Betätigungsfelder für CSR. „Regelmäßige Pausen, genügend freie Tage die Woche und ein begleitendes Angebot an Sport und anderen Aktivitäten fördern die Gesundheit der Mitarbeiter und verhindern, dass dies zu stark belastet werden. Konkrete Umsetzungsideen umfassen z.B. ein Angebot von Betriebssport, Fitness oder Yoga. Hat der Betrieb einen hauseigenen Fitness- oder Wellnessbereich, wäre es denkbar, diesen die eigenen Mitarbeiter vergünstigt oder kostenlos nutzen zu lassen“ (STOMPOROWSKI/LAUX 2019, S. 135).

Das Zusammengehörigkeitsgefühl einer Belegschaft zu fördern, durch gemeinsame Aktivitäten, Geselligkeit, Feiern von Jubiläen, Festen oder anderen Ereignissen, würde gleichermaßen zur Corporate Social Responsibility gehören.

Box | Blick in die Praxis – nachhaltiges Personalmanagement im Waldhotel Stuttgart

„Welche Maßnahmen haben Sie im Bereich nachhaltiges Personalmanagement in den letzten Jahren unternommen?

Anna Juranek: Wir setzen auf flache Hierarchien und eine ‚Politik der offenen Tür'; die Qualität spiegelt sich in vielen langjährigen Mitarbeitern und Auszubildenden, die gern bei uns bleiben. Dies ermöglicht Nachbesetzungen aus den eigenen Reihen und den Aufbau unserer Führungskräfte von morgen. Instrumente dafür sind unter anderem ein jährlicher Schulungsplan, Beurteilungsgespräche, Mitarbeiterbefragungen und -versammlungen sowie ein eigener Unternehmenscoach, der uns schon viele Jahre begleitet. Hinzu kommen die übertarifliche und individuelle Bezahlung sowie Mitarbeiterfeiern und Ausflüge. Für die tägliche Verpflegung mit gesunden, frischen Speisen in der eigenen Kantine sorgt unser Küchenteam. Den Ausbau der Nachhaltigkeitsbestrebungen fördern wir intern zudem durch unser Green Team, das Ideen aus den Abteilungen ableitet, als Projekte aufgleist und kleineren Gruppen zuweist. Beispielsweise die Bewirtschaftung des eigenen Kräutergartens oder die Entwicklung neuer saisonaler Getränke."
(FREYBERG 2024, S. 137)

Aber auch Aktivitäten, die man unter sozialer oder ökologischer Nachhaltigkeit außerhalb des Betrieb subsummieren kann, gehören in der Form der Corporate Citizenship zur CSR. Damit kann ein Unternehmen sein gesellschaftliches Engagement außerhalb seiner Gebäude zeigen, zum Beispiel durch wohltätige Aktionen im Bereich der sozialen Nachhaltigkeit durch Sponsoring oder aktiver Unterstützung kleinerer sozialer Projekte in der Nachbarschaft, aber auch ökologische Nachhaltigkeit, wie beispielsweise Baumpflanzaktionen in der Nähe des Hotels oder Bienenvölker samt Imkerei auf dem Hoteldach.

8.5 Zertifizierung von Nachhaltigkeit in der Hotellerie

Betrachtet man die Diskrepanz zwischen Lippenbekenntnissen zur Nachhaltigkeit und dem praktischen Handeln auf der Gästeseite (→ Kap. 8.2) stellt sich auf der Anbieterseite die Frage: „Hoteliers und Gastronomen sind Unternehmer, die sich bei Entscheidungen die Kosten-Nutzen-Frage stellen. Wie hoch ist der Return on Investment? Weshalb benötige ich jetzt eine Zertifizierung, wenn ich mich auch ohne Auszeichnung nachhaltig entwickeln kann?" (FREYBERG 2024, S. 74)

Als Gründe für eine Zertifizierung der im Hotel praktizierten Nachhaltigkeit nennt FREYBERG (vgl. S. 74ff.):

- Als Reaktion auf oberflächliche Maßnahmen („Greenwashing") und deren Kommunikation tendieren Gäste mittlerweile vermehrt dazu, seriöse Zertifizierungen als Vertrauen stiftende Entscheidungskriterien heranzuziehen.
- Eine Transparenz der zertifizierten „grünen" Aktionen bzw. Maßnahmen entlang der sogenannten Customer Journey seitens des Betriebs trägt dazu bei, dass die gelebte Nachhaltigkeit verstärkt ins Bewusstsein kommt und sich als Buchungsgrund manifestiert – und damit auch die Bereitschaft, eventuell mehr zu zahlen.
- Zertifizierungen bieten einen universellen Standard, an dem sich die Beherbergungs- und Bewirtungsbetriebe messen lassen müssen. Dies fördert, dass sich Unternehmer nicht nur um die Bereiche kümmern, in denen finanzieller Erfolg zu erwarten ist, sondern dass alle Bereiche auf Nachhaltigkeit ausgerichtet werden – Umweltzertifizierungen als Grundlage zur Förderung des Umweltschutzes im Allgemeinen.
- Betriebe mit Zertifizierungen berichten zudem, dass Umweltmaßnahmen mit Hilfe von externen Kriterien einfacher an Mitarbeiter kommuniziert und von ihnen durchgesetzt werden können als mit intern erstellten Kriterien. Jedoch reicht die Einführung neuer Regeln allein nicht, denn eine Veränderung bedingt kontinuierliche Anpassungen. Daher fordern die meisten Zertifizierungen, dass Prüfer alle zwei bis drei Jahre das Unternehmen besuchen – dies bedeutet u.a. eine permanente Optimierung der Prozesse/Arbeitsabläufe.
- Zertifizierte, d.h. anerkannte Umweltzertifizierungen fungieren als Marketinginstrumente („Green sells"). Das Umweltzeichen dient als Beweis, dass ein gastgewerblicher Betrieb einen bestimmten objektiven Standard („Benchmark") erreicht hat.
- Der größte ökonomische Effekt bei Umweltmaßnahmen zeigt sich bei der Verbesserung der Energieeffizienz, da der Verbrauch von teuren fossilen Ressourcen gesenkt wird. Bei einer Verringerung des Wasser- und Energieverbrauchs können sich pro Jahr Ersparnisse im vier- bis fünfstelligen Bereich ergeben – und eventuelle Investitionen werden sich amortisieren.
- Zu wissen, dass das eigene Unternehmen einen positiven Beitrag zur Umwelt leistet, ist für Mitarbeiter befriedigend und stärkt die Arbeits-

moral. Zertifizierungen helfen dabei, die internen Bemühungen an diese zu kommunizieren und greifbar zu machen.

- Selbst bei dem Thema Fachkräftemangel, das die Hotelbranche in den letzten drei Jahren sehr beschäftigt hat, können nachhaltige Zertifizierungen unterstützen. Zertifizierungen können auch die soziale Nachhaltigkeit in den Fokus rücken, z.B. TourCert.

Ein Problem bei der Akzeptanz von Zertifizierungen ist die Unübersichtlichkeit und ihre große Zahl, so dass es schwierig ist, welche Ausrichtung sie haben, ob sie sich allein auf die ökologische Nachhaltigkeit beschränken oder noch enger gefasst nur auf den Ressourcenverbrauch oder ob sie auch Aspekte der sozialen und ökonomischen Nachhaltigkeit einbeziehen. Erfüllen die Zertifizierungen alle Merkmale einer seriösen Zertifizierung, sind die Standards aussagekräftig, wer prüft bzw. führt eine Zertifizierung durch? Ist dabei Unabhängigkeit der Prüfenden gewährleistet? Ist die Zertifizierung selber zertifiziert und damit von dem Global Sustainable Tourism Council (GSTC) anerkannt? „Aktuell hat ein deutsches Hotel die Wahl zwischen über 33 möglichen Umweltzertifizierungen, darunter regionale sowie internationale Anbieter“ (FREYBERG 2024, S. 82).

Ein kleiner Exkurs in den „Zertifizierungsdschungel“ soll das breite Spektrum von Zertifizierungsmöglichkeiten für die Hotellerie andeuten. Als Beispiel einer regionalen Zertifizierung sei der Umwelt- und Klimapakt Bayern genannt. Als Stärken gelten der günstige Zertifizierungsprozess, der an regionale Gegebenheiten angepasst; als Schwächen werden genannt, dass er nur für bayerische Betriebe möglich ist, Kontrollen und Maßnahmen bei Verstößen sind nicht geregelt sind und wenig Marketingaktivitäten dazu gehören. Keine Akkreditierung beim GSTC (vgl. a.a.O., S. 839).

Mit dem Eco-Management and Audit Scheme (EMAS), auch EU-Öko-Audit genannt sowie dem EU Ecolabel werden Verordnungen der Europäischen Union umgesetzt. Zu EMAS zählen als Stärken: Vielzahl an Managementsystemverordnungen; Fokus liegt auf kontinuierlicher Verbesserung; wird durch die EU gefördert und Schwächen: Keine Leistungskriterien, daher kein Garant für Nachhaltigkeit; unterschiedlich hohe Beratungskosten.

Das EU Ecolabel wird folgendermaßen charakterisiert – Stärken: Ausführliche und anspruchsvolle Kriterien; Bekanntheit durch andere Branchen; Schwächen: Erneute Prüfung erst nach vier bis fünf Jahren. In Europa gibt es bisher 608 zertifizierte Beherbergungsbetriebe, darunter etwa 410 Hotels, 2021 wurde das erste Hotel in Deutschland mit diesem Label zertifiziert (vgl. a.a.O., S. 86) – ein gutes Beispiel für die fehlende Bekanntheit einer Zertifizierung.

Eine „Zertifizierung“ ohne externe Prüfer, d.h. eine Selbsteinschätzung der Geschäftsführung eines Hotels liegt hier zugrunde, und eine Überprüfung der 14 Kriterien, die nicht einmal klar und nachprüfbar formuliert sind, stecken hinter dem Logo Blaue Schwalbe – eine sogenannte Zertifizierung als „Muster ohne Wert“!

Webtipp | Einige Zertifizierungen für Nachhaltigkeit in der Hotelbranche

Biohotels
🔗 https://www.biohotels.info/de/blog/nachhaltigkeit/nachhaltige-hotels/
Certified Green Hotel
🔗 https://www.certified.de/
EarthCheck
🔗 https://earthcheck.org/what-we-do/certification/earthcheck-certified/
Eco Hotels Certified
🔗 https://www.ecohotelscertified.info/die-zertifizierung.html
Green Key
🔗 https://www.greenkey.global/
Green Sign
🔗 https://www.greensign.de/
TourCert
🔗 https://tourcert.org/angebot/zertifizierung-unternehmen/hotels/
Viabono
🔗 https://www.viabono.de/

Ein Fazit samt Blick in die Zukunft: „Umweltzertifizierungen können eine wichtige Funktion in der freien Marktwirtschaft einnehmen, diese wird aber bisher im Tourismus und speziell im Gastgewerbe noch nicht ausreichend wahrgenommen. Gäste zeigen großes Interesse für Umweltschutz, sind aber mit dem Thema Zertifizierungen zu wenig vertraut. Selbst das Verlangen der Gäste nach Kontrolle und Sicherheit wurde durch die vorhandenen Zertifizierungen in Deutschland bisher unzureichend bedient.

Gastgewerbliche Betriebe sollten sich mit den betrachteten Themen und Differenzierungen befassen und dabei die Stärken sowie die Schwächen der einzelnen Zertifizierungen erkennen. So können sich die Verantwortlichen bewusst für ein geeignetes Umweltmanagementsystem oder eine Umweltzertifizierung entscheiden. Trotz der schlechten Ergebnisse der letzten 20 Jahre machen Kundenerwartungen und die GSTC-Bewegung Hoffnung auf eine bessere Zukunft. Der Trend ist vorgegeben, die Frage ist nur, wie lange es dauert, bis sich Gastgeber mit dem Konzept Umweltzertifizierung anfreunden und es als Unternehmenschance statt als zusätzlichen Kostenfaktor erkennen." (FREYBERG 2024, S. 94f.)

➲ Zusammenfassung

Das Denken in Kreisläufen als ein Aspekt der Nachhaltigkeit kann auch bei Hotelgebäuden umgesetzt werden – Grundlage hierfür ist das Lebenszyklus-Management für Immobilien. Ökologische und soziale Nachhaltigkeit werden hierbei einbezogen.

Der Klima- und Wasserfußabdruck ist im Gastgewerbe per se relativ hoch. Ein kluges Ressourcenmanagement und entsprechende Investitionen führen letztendlich auch zu finanziellen Einsparungen.

Unter der Devise „Regional und Saisonal" lässt sich Nachhaltigkeit auch im Food & Beverage-Bereich praktizieren. Mit der Bevorzugung regionaler Produkte ist neben der besseren Ökobilanz oftmals auch eine höhere Qualität der Lebensmittel verbunden, insbesondere wenn sie durch geschützte Ursprungbezeichnungen oder andere Garantieren herausgehoben werden. Der Trend zu vegetarischem und veganem Essen trägt seinen Teil zur Verbesserung von Ökobilanzen bei.

Soziale Nachhaltigkeit fördert u.a. die Arbeitsbedingungen sowie die Zufriedenheit der Mitarbeitenden und kann dem Mangel an Arbeitskräften in der Branche entgegenwirken.

Die Zertifizierung von Nachhaltigkeit in der Hotellerie hat diverse Probleme in der Akzeptanz und noch einiges an Verbesserungspotenzial.

➲ Reflexionsfragen

1. Überlegen Sie bei einem Spaziergang, der Sie an Hotels vorbeiführt, welche Veränderungen außen an der Bausubstanz oder seiner direkten Umgebung möglich wären, um mehr Pflanzen als CO_2-Speicher, für die Verdunstungskühle oder das Regenwasser-Management zu integrieren?

2. Welche Ziele verfolgt die NH Hotel Group mit ihrem Nachhaltigkeitsprogramm? Zum Einstieg: 🔗 https://www.nh-hotels.com/de/umwelt/umweltfreundliche-hotels; bewerten Sie die Maßnahmen.
3. Klimaschutz auf dem Teller – was steckt dahinter? Gehen Sie auf den Link 🔗 https://www.umweltzeichen-hotels.at/de/klimaschutz-auf-dem-teller-was-dein-essen-bewirken-kann/. Können Sie die Aussagen untermauern? Beispielsweise, dass der allgemeine Fleischkonsum reduziert werden sollte? Oder weshalb biologische Landwirtschaft eine bessere Ökobilanz hat als die konventionelle?
4. Suchen Sie sich zwei Nachhaltigkeitszertifizierungen für Hotels heraus und vergleichen Sie sie. Welche Stärken, welche Schwächen finden Sie?
5. Wieviel Bio steckt in der Zertifizierung von Biohotels (🔗 https://www.biohotels.info/de/blog/nachhaltigkeit/nachhaltige-hotels/) ? Werden dort andere Schwerpunkte gesetzt als in einer allgemeineren Nachhaltigkeitszertifizierung für Hotels?

Verwendete Literatur und Websites

Die verwendeten Websites waren am 16.04.2025 aktiv.

AGENDA 21 (o.J.): https://www.bmuv.de/download/agenda-21

ALBERGHI DIFFUSI (o.J.a): https://www.albergodiffuso.com/l_idea.html

ALBERGHI DIFFUSI (o.J.b): https://www.alberghidiffusi.it/?lang=en

ALBERGHI DIFFUSI (o.J.c): https://www.albergodiffuso.com/ebook.html

ATMOSFAIR (o.J.): https://www.atmosfair.de/de/gruenreisen/klimafreundlich_reisen/

BAIER, M. (2024): Personalbetreuung und -bindung: Motivierende Gestaltung des Arbeitsumfelds. In: HÄNSSLER, K.H.; FUCHS, W.; GARDINI, M. A. (Hrsg.) (2024): Management in der Hotellerie und Gastronomie. Betriebswirtschaftliche Grundlagen. 11., aktualisierte und erweiterte Auflage. Berlin, Boston: De Gruyter Oldenbourg, S. 281–292.

BALAS, M. (2017): Nachhaltiges Tourismusmanagement. In: REIN, H.; STRASDAS, W. (Hrsg.) (2017): Nachhaltiger Tourismus. Einführung. 2., überarb. Aufl. München: UVK, S. 241–285.

BERGSTEIGERDÖRFER (o.J.a): https://www.alpenverein.de/artikel/bergsteigerdorfer-tourismus_45ef0da3-c2df-4cea-beb6-4da2ccd3dda0

BERGSTEIGERDÖRFER (o.J.b): https://www.bergsteigerdoerfer.org/6-0-Die-Philosophie-der-Bergsteigerdoerfer.html

BERGSTRASSE-ODENWALD (o.J.): https://www.kartoffelwochen.de/

BEYER, D. (2017): Soziale und kulturelle Herausforderungen im Tourismus. In: REIN, H.; STRASDAS, W. (Hrsg.) (2017): Nachhaltiger Tourismus. Einführung. 2., überarb. Aufl. München: UVK, S. 205–239.

BIEGER, T.; BERITELLI, P. (2013). Management von Destinationen (8., aktualisierte und überarbeitete Auflage). München: Oldenbourg.

BRUNDTLAND-BERICHT (o.J.): Our Common Future. http://www.un-documents.net/our-common-future.pdf

BUNDESMINISTERIUM FÜR ERNÄHRUNG UND LANDWIRTSCHAFT (2022): 10 Goldene Regeln gegen Lebensmittelverschwendung. Bundesweite Strategie „Zu gut für die Tonne“. Berlin. https://www.bmel.de/SharedDocs/Downloads/DE/

Broschueren/zgfdT-10regeln-lebensmittelabfaelle-vermeiden.pdf?__blob=publicationFile&v=6,

BUNDESMINISTERIUM FÜR ERNÄHRUNG UND LANDWIRTSCHAFT (2023a): Ländliche Regionen im Fokus. Fakten und Hintergründe https://www.bmel.de/SharedDocs/Downloads/DE/Broschueren/laendliche-regionen-im-fokus.pdf?__blob=publicationFile&v=20)

BUNDESMINISTERIUM FÜR ERNÄHRUNG UND LANDWIRTSCHAFT (2023b): Deutschland, wie es isst. Der BMEL-Ernährungsreport 2024. Berlin. https://www.bmel.de/SharedDocs/Downloads/DE/Broschueren/ernaehrungsreport-2024.html

BUNDESMINISTERIUM FÜR ERNÄHRUNG UND LANDWIRTSCHAFT (o.J.): Schutz von geografischen Angaben und Namen traditioneller Spezialitäten. https://www.bmel.de/DE/themen/landwirtschaft/agrarmaerkte/geschuetzte-bezeichnungen.html

BUNDESMINISTERIUM FÜR UMWELT, NATURSCHUTZ; NUKLEARE SICHERHEIT UND VERBRAUCHERSCHUTZ (o.J.a): https://www.bmuv.de/themen/nachhaltigkeit/ueberblick-nachhaltigkeit

BUNDESMINISTERIUM FÜR UMWELT, NATURSCHUTZ; NUKLEARE SICHERHEIT UND VERBRAUCHERSCHUTZ (o.J.b): https://www.bmuv.de/themen/nachhaltigkeit/tourismus-und-sport/nachhaltiger-tourismus/ueberblick-nachhaltiger-tourismus

BUNDESMINISTERIUM FÜR UMWELT, NATURSCHUTZ; NUKLEARE SICHERHEIT UND VERBRAUCHERSCHUTZ (o.J.c): Washingtoner Artenschutzabkommen. https://www.bmuv.de/themen/artenschutz/internationaler-artenschutz/cites

BUNDESMINISTERIUM FÜR UMWELT, NATURSCHUTZ; NUKLEARE SICHERHEIT UND VERBRAUCHERSCHUTZ (2020): Leitfaden für die nachhaltige Organisation von Veranstaltungen. Berlin. (https://www.bmuv.de/publikation?tx_bmubpublications_publications%5Bpublication%5D=627&cHash=d0a9eeebf2a471eff844cb7f1acd3d35)

BUNDESMINISTERIUM FÜR WIRTSCHAFT UND KLIMASCHUTZ (2024a): Destination Zukunft – Tourismus gemeinsam gestalten. Berlin. https://www.bmwk.de/Redaktion/DE/Publikationen/Tourismus/nationale-tourismusstrategie.html

BUNDESMINISTERIUM FÜR WIRTSCHAFT UND KLIMASCHUTZ (2024b): Tourismus nachhaltig gestalten. Nationale Tourismusstrategie – Arbeitsprogramm der Bundesregierung. https://www.bmwk.de/Redaktion/DE/Publikationen/Tourismus/nationale-tourismusstrategie-arbeitsprogramm.pdf?__blob=publicationFile&v=10

BUNDESMINISTERIUM FÜR WIRTSCHAFT UND KLIMASCHUTZ (2024c): Bundeswirtschaftsministerium startet neues Kompetenzzentrum „Grüne Transformation des Tourismus". https://www.bmwk.de/Redaktion/DE/Pressemitteilungen/2024/02/20240219-bmwk-startet-neues-kompetenzzentrum-gruene-transformation-des-tourismus.html

BUNDESMINISTERIUM FÜR WIRTSCHAFTLICHE ZUSAMMENARBEIT UND ENTWICKLUNG (o.J.a): https://www.bmz.de/de/themen/biodiversitaet/oekosystemleistungen

BUNDESMINISTERIUM FÜR WIRTSCHAFTLICHE ZUSAMMENARBEIT UND ENTWICKLUNG (o.J.b): https://www.bmz.de/de/themen/tourismus

BUNDESMINISTERIUM FÜR WIRTSCHAFTLICHE ZUSAMMENARBEIT UND ENTWICKLUNG (o.J.c): https://www.bmz.de/de/themen/tourismus/beispiel-albanien-10712

BUNDESMINISTERIUM FÜR WIRTSCHAFTLICHE ZUSAMMENARBEIT UND ENTWICKLUNG (o.J.d): https://www.bmz.de/de/themen/tourismus/beispiel-malawi-10714

BUNDESREGIERUNG (o.J.a): Bericht über die Umsetzung der Agenda 2030 für nachhaltige Entwicklung. Freiwilliger Staatenbericht Deutschlands zum HLPF 2021 https://www.bmz.de/resource/blob/86824/staatenbericht-deutschlands-zum-hlpf-2021.pdf

BUNDESREGIERUNG (o.J.b): https://www.bundesregierung.de/breg-de/themen/nachhaltigkeitspolitik/deutsche-nachhaltigkeitsstrategie-318846

BUNDESREGIERUNG (o.J.c): https://www.bundesregierung.de/breg-de/themen/nachhaltigkeitspolitik/nachhaltigkeitsziele-erklaert-232174

BUNDESREGIERUNG (o.J.d): Deutsche Nachhaltigkeitsstrategie. Kurzfassung 2021. https://www.bundesregierung.de/resource/blob/2277952/1875184/583beac2346ebc82eb83e80249c7911d/Deutsche_Nachhaltigkeitsstrategie_2021_Kurzfassung_bf_neu_17-05-2021.pdf?download=1

BUNDESREGIERUNG (o.J.e): https://www.bundesregierung.de/breg-de/themen/nachhaltigkeitspolitik/nachhaltig-wirtschaften-276606

BUNDESREGIERUNG (o.J.f): https://www.bundesregierung.de/breg-de/themen/nachhaltigkeitspolitik/rechtliche-gleichstellung-841120

BUNDESZENTRALE FÜR POLITISCHE BILDUNG (o.J.): Vereinte Nationen: https://www.bpb.de/themen/internationale-organisationen/vereinte-nationen/

CARLOWITZ GESELLSCHAFT (Sächsische Hans-Carl-von-Carlowitz Gesellschaft e.V. zur Förderung der Nachhaltigkeit) (o.J.): https://carlowitz-gesellschaft.de/

CLUB OF ROME (o.J.): https://www.clubofrome.org/

DAS BERGISCHE GMBH (o.J): https://www.dasbergische.de/aktiv-entspannen/wandern/bergischer-wanderbus

DEUTSCHE GESELLSCHAFT FÜR INTERNATIONALE ZUSAMMENARBEIT (2021): Developing Community-Based Tourism. Lessons Learnt from Rwanda's Destination Kivu Belt. https://www.giz.de/en/downloads/giz2021-en-developing-community-based-tourism.pdf

DEUTSCHER TOURISMUSVERBAND (2016): Praxisleitfaden. Nachhaltigkeit im Deutschlandtourismus. Anforderungen, Empfehlungen, Umsetzungshilfen. Berlin. https://www.deutschertourismusverband.de/themen/nachhaltigkeit

DEUTSCHES JUGENDHERBERGSWERK (o.J.a): Nachhaltigkeit. https://www.jugendherberge.de/nachhaltig/

DEUTSCHES JUGENDHERBERGSWERK (o.J.b): Jahresbericht 2022. https://www.jugendherberge.de/fileadmin/hauptverband/downloads/jahresberichte/2022/jahresbericht_2022_scr.pdf

DICKHUT, H. (2017): Tourismus und Biodiversität. In: REIN, H.; STRASDAS, W. (2017): Nachhaltiger Tourismus. Einführung. 2., überarb. Aufl. München: UVK, S. 99–136.

DIXSON-DECLÈVE, S.; GAFFNEY, O.; GHOSH, J.; RANDERS, J.; ROCK-STRÖM, J.; STOKNES, P. (2022): Earth for All. Ein Survival-Guide für unseren Planeten. Aus dem Englischen von Rita Seuß und Barbara Steckhan. Der neue Bericht an den Club of Rome, 50 Jahre nach „Die Grenzen des Wachstums". München: oekonom.

ENGAGEMENT GLOBAL GMBH (im Auftrag des Bundesministeriums für wirtschaftliche Zusammenarbeit und Entwicklung (BMZ)) (o.J.): https://17ziele.de/info/was-sind-die-17-ziele.html

EUROPÄISCHE KOMMISSION (2011): Eine neue EU-Strategie (2011-14) für die soziale Verantwortung der Unternehmen (CSR). https://eur-lex.europa.eu/LexUriServ/LexUriServ.do?uri=COM:2011:0681:FIN:DE:PDF

EUROPÄISCHES NETZWERK FÜR NACHHALTIGE ENTWICKLUNG (o.J.): https://www.esdn.eu/about

EUROPÄISCHES PARLAMENT (2018): Forschungsarbeit für TRAN-Ausschuss – Overtourism: Auswirkungen und mögliche politische Antworten. https://www.europarl.europa.eu/RegData/etudes/STUD/2018/629184/IPOL_STU(2018)629184(SUM01)_DE.pdf

EUROPÄISCHES PARLAMENT (2024): https://www.europarl.europa.eu/topics/de/article/20231127STO15403/kurzfristige-vermietung-von-unterkunften-neue-eu-regeln-fur-mehr-transparenz

FAHRTZIEL NATUR (o.J.a): https://www.fahrtziel-natur.de/

FAHRTZIEL NATUR (o.J.b): https://www.fahrtziel-natur.de/wir/fahrtziel_natur_kooperation
FAHRTZIEL NATUR (o.J.c): https://www.fahrtziel-natur.de/kostenlos-mobil
FEIGE, M.; ANTONSCHMIDT, H. (2017): Ökonomische Nachhaltigkeit in der Tourismuswirtschaft. In: REIN, H.; STRASDAS, W. (Hrsg.) (2017): Nachhaltiger Tourismus. Einführung. 2., überarb. Aufl. München: UVK, S. 137–170)
FISCHER, A. (2014): Sustainable Tourism. From mass tourism towards eco-tourism. Bern: Haupt Verlag.
FORSCHUNGSGEMEINSCHAFT URLAUB UND REISEN (Hrsg.) (2024): Nachhaltigkeit bei Urlaubsreisen: Bewusstseins- und Nachfrageentwicklung und ihre Einflussfaktoren. Monitoringbericht auf Basis von Daten der Reiseanalyse 2024, Kiel. https://reiseanalyse.de/wp-content/uploads/2024/09/UBA_Nachhaltigkeit_bei_Urlaubsreisen_Bericht2024.pdf
FREYBERG, B. von; GRUNER, A.; LEGRAND, W. (2024): Nachhaltigkeit als Erfolgsfaktor in Hotellerie & Gastronomie. 2., überarbeitete und erweiterte Auflage. Wiesbaden: Springer Nature.
GEMEINSCHAFT AUTOFREIER SCHWEIZER TOURISMUSORTE (GaST) (o.J.): https://auto-frei.ch/index.php/de/
GEMEINWOHLÖKONOMIE-DEUTSCHLAND (o.J.): https://germany.econgood.org/mission-geschichte/
GEMEINDE WILLINGEN (o.J.): https://www.willingen.de/mountainbike
GLOBAL FOOTPRINT NETWORK (o.J.): https://www.footprintnetwork.org/; https://overshoot.footprintnetwork.org/
GLOBAL SUSTAINABLE TOURISM COUNCIL (o.J.): https://www.gstcouncil.org/wp-content/uploads/GSTC-Destination-Criteria-v2.0-German-DE.pdf
HÄNSSLER, K.H.; FUCHS, W.; GARDINI, M. A. (Hrsg.) (2024): Management in der Hotellerie und Gastronomie. Betriebswirtschaftliche Grundlagen. 11., aktualisierte und erweiterte Auflage. Berlin, Boston: De Gruyter Oldenbourg.
HAUFF, M. v. (2021): Nachhaltige Entwicklung. Grundlagen und Umsetzung. 3. überarb. und erw. Aufl. München: De Gruyter Oldenbourg.
HERMANNS, K. (2002): Die Lokale Agenda 21. Herausforderung für die Kommunalpolitik. In: APuZ Aus Politik und Zeitgeschichte. https://www.bpb.de/shop/zeitschriften/apuz/25696/die-lokale-agenda-21/
HEUWINKEL, K. (2024): Community-based Tourism. Gemeinschaft, Kultur und Tourismus. München: UVK.
HOTELKLASSIFIZIERUNG (o.J.a): https://www.hotelstars.eu/de/deutschland/,

HOTELKLASSIFIZIERUNG (o.J.b): https://www.hotelstars.eu/fileadmin/Dateien/PORTAL_HSU/Kriterienkataloge/2024-05_21_Klassifizierungskatalog_2025-2030_01.pdf

HOTELLERIE SUISSE (o.J.a): https://www.hotelleriesuisse.ch/de/branche-und-politik/politische-grundsaetze/nachhaltigkeit

HOTELLERIE SUISSE (o.J.b): Nachhaltigkeitskompass. https://www.hotelleriesuisse.ch/de/branche-und-politik/politische-grundsaetze/nachhaltigkeit/download-3F2F8139-0D94-4219-8D8C-0872D9FBED45.secure

INTERNATIONAL MARITIME ORGANIZATION (IMO) (o.J.): Marpol Übereinkommen: https://www.imo.org/en/about/Conventions/Pages/International-Convention-for-the-Prevention-of-Pollution-from-Ships-(MARPOL).aspx

INTERNATIONALE KLIMASCHUTZINITIATIVE (o.J.a): https://www.international-climate-initiative.com/ueber-die-iki/

INTERNATIONALE KLIMASCHUTZINITIATIVE (o.J.b): https://www.international-climate-initiative.com/ueber-die-iki/iki-jahresberichte/iki-jahresbericht-2022/das-iki-jahr-2022-in-zahlen/

KAGERMEIER, A. (2021): Overtourism. München: UVK.

KIRSTGES, T. (2020): Tourismus in der Kritik. Klimaschädigender Overtourism statt sauberer Industrie? München: UVK.

KNOLL, G. M. (2020): Von der Ostseeriviera zu grünen Wintersportorten. Deutschlandtourismus in Zeiten des Klimawandels. München: UVK.

KNOLL, G. M. (2022): UNESCO Weltnaturerbe und Tourismus. Tourismus kompakt. München: UVK.

LEITFADEN (2017): https://www.umweltbundesamt.de/sites/default/files/medien/1968/publikationen/leitfaden_fuer_besucher_der_antarktis_2016.pdf

MAYER-BONDE, C.; FUCHS, W. (2024): Nachhaltigkeit. In: HÄNSSLER, K.H.; FUCHS, W.; GARDINI, M. A. (Hrsg.) (2024): Management in der Hotellerie und Gastronomie. Betriebswirtschaftliche Grundlagen. 11., aktualisierte und erweiterte Auflage. Berlin, Boston: De Gruyter Oldenbourg, S. 159–171.

MINISTERIUM FÜR KLIMASCHUTZ, UMWELT, LANDWIRTSCHAFT, NATUR- UND VERBRAUCHERSCHUTZ (NORDRHEIN-WESTFALEN) (Hrsg.) (2013): Land in Bewegung. LEADER in NRW – gute Beispiele für starke ländliche Regionen. Düsseldorf. https://leader-wml.de/wp-content/uploads/2013/07/land_in_bewegung.pdf

MINISTERIUM FÜR WIRTSCHAFT, ARBEIT UND TOURISMUS (BADEN-WÜRTTEMBERG) (Hrsg.) (2023): Querschnittsbranche Tourismus. Umsatzbringer, Jobmotor & Standortfaktor (https://wm.baden-wuerttemberg.de/fileadmin/redaktio

n/m-wm/intern/Publikationen/FINALE_Infobrosch%C3%BCre_Tourismusbewusstein__20230904.pdf)
MTB ZONE BIKEPARK (o.J.): https://mtbzone-bikepark.com/willingen/info/sicherheit
NATIONALE NATURLANDSCHAFTEN (o.J.a): https://nationale-naturlandschaften.de/
NATIONALE NATURLANDSCHAFTEN (o.J.b): https://nationale-naturlandschaften.de/wp-content/blogs.dir/29/files/2020/07/NNL-Positionspapier-Tourismus.pdf
NATIONALE NATURLANDSCHAFTEN (o.J.c): https://partner.nationale-naturlandschaften.de/files/2024/06/2023-08-11_gemeinsame_Mindestanforderungen_Partner-der-NNL.pdf
NATIONALPARKVERWALTUNG BAYERISCHER WALD (Hrsg.) (2022): Nationalpark-Plan. Tourismus und Regionalentwicklung. https://www.nationalpark-bayerischer-wald.bayern.de/ueber_uns/aufgaben/doc/npplan_tourismus_und_regionalentwicklung_2022.pdf
NETZWERK RECHTE DER NATUR (o.J.): https://www.rechte-der-natur.de/de/aktuelles-details/naturparlament-leggewie-2024.html
NORDEIFEL TOURISMUS GMBH (o.J.): https://radundwanderbahnhoefe-eifel.de/
ÖSTERREICHISCHE HOTELVEREINIGUNG (o.J.): https://www.oehv.at/themen/nachhaltigkeit/abfall-vermeiden/verzicht-auf-zimmerreinigung/
PUFÉ, I. (2017): Nachhaltigkeit. 3. Aufl. München: UVK.
RECEP (2022/23a): https://www.bundeswettbewerb-tourismusdestinationen.de/wettbewerb
RECEP (2022/23b): https://www.bundeswettbewerb-tourismusdestinationen.de/preistraeger-2022-23
REIN, H.; BALAS, M. (2017): Nachhaltiges Destinationsmanagement. In: REIN, H.; STRASDAS, W. (Hrsg.) (2017): Nachhaltiger Tourismus. Einführung. 2., überarb. Aufl. München: UVK, S. 287–353.
REIN, H.; SCHULER, A. (Hrsg.) (2019): Naturtourismus. München: UVK.
REIN, H.; STRASDAS, W. (Hrsg.) (2017): Nachhaltiger Tourismus. Einführung. 2., überarb. Aufl. München: UVK.
ROCKSRESORT (o.J.): https://www.rocksresort.com/design-hotel-schweiz/, https://www.rocksresort.com/wp-content/uploads/Eigenbelegung-Mitgliedschaft_rocksresort.pdf
SCHULER, A. (2017): Institutionelle Nachhaltigkeit des Tourismus. In: REIN/STRASDAS (Hrsg.) (2017): Nachhaltiger Tourismus. Einführung. 2. Aufl. München: UVK. S. 335–353.

SCHULER, A. (2019): Organisation, Kooperation und die Zukunft im Naturtourismus. In: REIN, H.; SCHULER, A. (Hrsg.) (2019): Naturtourismus. München: UVK. S. 311–322.

SCHWARZWALD TOURISMUS (o.J.a): https://www.schwarzwald-tourismus.info/oekosystem-fuer-nachhaltige-mobilitaet

SCHWARZWALD TOURISMUS (o.J.b): https://www.schwarzwald-tourismus.info/schwarzwald/nachhaltigkeit/fahrraeder-und-e-bikes

SCHWARZWALD TOURISMUS (o.J.c): https://www.schwarzwald-tourismus.info/schwarzwald/nachhaltigkeit

SCHWARZWALD TOURISMUS (o.J.d): https://www.schwarzwald-tourismus.info/schwarzwald/nachhaltigkeit#Schuetzen

SCHWARZWALD TOURISMUS (o.J.e): https://www.schwarzwald-tourismus.info/planen-buchen/konus-gaestekarte

SCHWEIZ TOURISMUS (o.J.): https://www.myswitzerland.com/de-de/planung/ueber-die-schweiz/nachhaltigkeit/

STEINECKE, A. (2021): Dark Tourism. Reisen zu Orten des Leids, des Schreckens und des Todes. Tourism NOW. München: UVK.

STEINHAUSER, C.; HEINEMANN, S. (2022): Nachhaltiges 360°-Management im Tourismus. Berlin, Boston: De Gruyter Oldenbourg.

STOMPOROWSKI, S.; LAUX, B. (2019): Nachhaltig handeln im Hotel- und Gastgewerbe. Maßnahmen erfolgreich einführen und umsetzen. München: UVK.

STREICH, J. (1997): 30 Jahre Club of Rome. Anspruch, Kritik, Zukunft. Basel: Birkhäuser.

STUDIENKREIS FÜR TOURISMUS UND ENTWICKLUNG E.V. (o.J.): SympathieMagazine. https://www.sympathiemagazin.de/

TAGESSCHAU (2023): https://www.tagesschau.de/wirtschaft/arbeitsmarkt/gastgewerbe-hotels-gaststaetten-mitarbeitermangel-100.html

TAGESSCHAU (2024): https://www.tagesschau.de/ausland/europa/venedig-tagestouristen-einnahmen-100.html

TOURCERT (o.J.): https://tourcert.org/wp-content/uploads/2024/10/TourCert_Kriterienkatalog_Dest_2022.pdf

TOURISM WATCH (2011): Community based tourism: Marktchancen und Risiken. https://www.tourism-watch.de/artikel/schwerpunkt/community-based-tourism-marktchancen-und-risiken

TOURISM WATCH (2015): Eine Bewertung der Ressourcennutzung des Tourismus. https://www.tourism-watch.de/artikel/schwerpunkt/eine-bewertung-der-ressourcennutzung-des-tourismus/

TOURISMUS DREISAMTAL e.V. (o.J.): https://www.dreisamtal.de/erleben/e-roller-touren
TOURISMUS NRW e.V. (o.J.): https://www.dein-nrw.de/bahntouren
TRANSFORMING TOURISM (o.J.a): http://www.transforming-tourism.org/
TRANSFORMING TOURISM (o.J.b): http://www.transforming-tourism.org/fileadmin/baukaesten/sdg/downloads/Kapitel/Goal_6.pdf
UMWELTBUNDESAMT (o.J.a): https://www.umweltbundesamt.de/themen/viele-menschen-wollen-nachhaltig-reisen-aber-nur
UMWELTBUNDESAMT (o.J.b): https://www.umweltbundesamt.de/sites/default/files/medien/1968/publikationen/leitfaden_fuer_besucher_der_antarktis_2016.pdf
UMWELTBUNDESAMT (o.J.c): https://www.umweltbundesamt.de/sites/default/files/medien/376/publikationen/ratgeber_oekodesign_und_energielabel_210225_bf.pdf
UNRIC (Regionales Informationszentrum der Vereinten Nationen) (o.J.a): https://unric.org/de/die-vereinten-nationen/geschichte-un/
UNRIC (Regionales Informationszentrum der Vereinten Nationen) (o.J.b): https://unric.org/de/un-aufgaben-ziele/
UNTWO (2013): EU-Leitfaden für nachhaltigen Tourismus im Dienste der Entwicklung: https://www.unwto.org/EU-guidebook-on-sustainable-tourism-for-development
UNWTO (2018): 'Overtourism'? – Understanding and Managing Urban Tourism Growth beyond Perceptions, Executive Summary. https://www.unwto.org/global/publication/overtourism-understanding-and-managing-urban-tourism-growth-beyond-perceptions-executive
VISIT ITALY (o.J.): https://www.visititaly.eu/best-tours-and-experiences/the-scattered-hotel-an-authentically-italian-place-to-stay
WENDLING, A. (2018): Tourismusbewusstsein – Grundlage für strategische Entscheidungen und eine perfekte Servicequalität. Tourismus Netzwerk Rheinland-Pfalz. https://rlp.tourismusnetzwerk.info/2018/01/19/tourismusbewusstsein-grundlage-fuer-strategische-entscheidungen-und-eine-perfekte-servicequalitaet
WWF (2022): Die Auswirkungen von Plastikverschmutzung in den Ozeanen auf marine Arten, die biologische Vielfalt und Ökosysteme. https://www.wwf.de/fileadmin/fm-wwf/Publikationen-PDF/Plastik/WWF-Auswirkungen_von_Plastikverschmutzung_im_Ozean_auf_marine_Arten__Biodiversit%C3%A4t_und_%C3%96kosysteme.pdf
WWF (o.J.a): Artenschutz und Souvenirs. https://www.wwf.de/aktiv-werden/tipps-fuer-den-alltag/umweltfreundlich-reisen/wwf-souvenir-ratgeber

WWF (o.J.b): Biodiversität: https://www.wwf.de/themenprojekte/biodiversitaet?msclkid=952d449d799f1e5a3fcd22d7925d71d3&utm_source=bing&utm_medium=cpc&utm_campaign=SG_Artenschutz&utm_term=schutz%20biodiversit%C3%A4t&utm_content=Biologische%20Vielfalt

WWF (o.J.c): https://www.wwf.de/aktiv-werden/tipps-fuer-den-alltag/umweltfreundlich-reisen/die-wwf-tipps-fuer-nachhaltigen-tourismus

ZIMMERMANN, F. M. (Hrsg.) (2016): Nachhaltigkeit wofür? Von Chancen und Herausforderungen für eine nachhaltige Zukunft. Berlin, Heidelberg: Springer Spektrum.

ZWECKVERBAND BERGERLEBNIS BERCHTESGADEN (o.J.): https://www.berchtesgaden.de/anreise-mobilitaet/busse-in-der-region/rufbus-berchtesgaden

Abbildungsbelege

Abb. 1: 17 SDGs im Überblick | [1] Quelle: Bundesregierung

Abb. 2: Aktivitäten der deutschen Bundesregierung zur Erreichung der 17 SDGs | [2] Quelle: vgl. https://www.bmz.de/resource/blob/86824/staatenbericht-deutschlands-zum-hlpf-2021.pdf, STAATENBERICHT 2021, S. 9ff.

Abb. 3: Themenbereiche der Agenda 21 | [3] Quelle: Pufé 2017, S. 54f.

Abb. 4: Schnittmengen- oder Dreiklangmodell | [4] Quelle: in Anlehnung Pufé 2017, S. 26

Abb. 5: Integrierendes Nachhaltigkeitsdreieck | [5] Quelle: in Anlehnung an von Hauff 2017, S. 170

Abb. 6: Bettmeralp im Wallis – eine Juli-Ansicht, die hier „kalte" Betten erahnen lässt, da die Hauptsaison der Winter ist. | [6] © Knoll

Abb. 7: Das rocksresort in Laax bietet nicht nur Architektur aus heimischen Baumaterialien, sondern auch Nachhaltigkeit in der Nutzung der Ferienapartments, d.h. eine ganzjährige Auslastung. | [7] © Knoll

Abb. 8: Albergo diffuso | [8] Quelle in Anlehnung an https://www.albergodiffuso.com/web/wp-content/uploads/2012/05/Yasushi-Watanabe.jpg

Abb. 9: Ein Beispiel für eine großflächige Versiegelung von Böden in Engelberg an der Talstation zum Skigebiet am Titlis (3.030 m NN), in dem noch für 8 Monate Skibetrieb betrieben werden kann. | [9] © Knoll

Abb. 10: Die Anfänger- bzw. Kinderpiste am Ortsrand von Engelberg kommt ohne technische Beschneiung nicht aus. | [10] © Knoll

Abb. 11: Am Stockhorn im Berner Oberland hat man den Skilift längst abgebaut und setzt auf Wandern auch im Winter mit Schneeschuhen sowie ganzjährig nachhaltigen Tourismus. | [11] © Knoll

Abb. 12: Eine Winterattraktion am Berner Stockhorn seit 2013 – Iglus für den Fondue-Abend oder einen Barbesuch | [12] © Knoll

Abb. 13: Nachfragetrends im Naturtourismus | [14] Quelle: in Anlehnung an Rein/Strasdas 2017, S. 123

Abb. 14: Besucherlenkungsstrategien und -maßnahmen | [15] Quelle: Rein/Schuler 2017, S. 319

Abb. 15: Tallinn und der Menschenstrom vom Hafen zum Rathausplatz | [16] © Knoll

Abb. 16: Bäuerliche Kulturlandschaft in der Vulkaneifel | [16] © Knoll

Stichwortverzeichnis

Abbildungsverzeichnis